GONSO

Rudolf Geser

Radtouren Südtirol, Dolomiten, Gardasee
SPEZIALFÜHRER

35 ausgewählte Tourenvorschläge zwischen Reschenpaß und Monte Baldo

Zweite, durchgesehene Auflage

Die Deutsche Bibliothek – CIP-Einheitsaufnahme

Geser, Rudolf:
Radtouren Südtirol, Dolomiten, Gardasee: 35 ausgewählte Tourenvorschläge zwischen Reschenpaß und Monte Baldo / Rudolf Geser. [Zeichn.: Hellmut Hoffmann]. – 2., durchges. Aufl. – München; Wien; Zürich: BLV, 1992
(Spezialführer)
1. Aufl. u.d.T.: Geser, Rudolf: Die fünfunddreißig schönsten Radtouren – Südtirol, Dolomiten, Gardasee
ISBN 3-405-13611-3

BLV Verlagsgesellschaft mbH
München Wien Zürich
8000 München 40

Bildnachweis
Titelbild: Im Tierser Tal (Tour 11).

Alle Abbildungen einschließlich Titelfoto vom Autor.

Umschlaggestaltung: F & H Werbeagentur, München

Zeichnungen: Hellmut Hoffmann, Starnberg
Lektorat: Marianne Faiss-Heilmannseder, München
Gesamtherstellung: Ludwig Auer GmbH, Donauwörth

Printed in Germany · ISBN 3-405-13611-3

Inhalt

Gardasee

Einführung

Südtirol, das Land südlich des Brenners, die sich im Osten über dem Eisack- und Etschtal erhebenden Dolomiten und die Region um den Gardasee, des größten Sees Italiens mit seinen kleinen Häfen und malerischen Städtchen, sind dem Wanderer, Bergsteiger und Wassersportler längst ein Begriff.
Aufgabe dieses Führers soll es nun sein, diese Gebiete auch für den Radsportler zu erschließen. Und wohl nirgends im gesamten Alpenraum sind die Voraussetzungen für die Ausübung dieser Sportart so günstig, wie in der Landschaft zwischen Sterzing im Norden, Desenzano im Süden, dem Vinschgau im Westen und den Ampezzaner Dolomiten im Osten. Auf engstem Raum sind hier landschaftliche und klimatische Gegensätze, vom sonnenüberfluteten Gardasee bis zu den schnee- und eisbedeckten Dreitausendern der Ortler-Gruppe, vorhanden, wie sie im gesamten Alpenraum kaum ein zweites Mal zu finden sind.
Begünstigt durch ein nahezu ideales Klima bieten sich für den Radsportler eine Vielzahl von Möglichkeiten. Von den blühenden Obstgärten oder den schier unendlich erscheinenden Rebenhängen des unteren Etschtales gelangt man in kurzer Zeit durch bewaldete Berghänge und blumenübersäte Hochflächen in das bizarre Felsreich der Dolomiten. Und wer nicht so hoch hinaus will, kann von den Palmengärten Merans einen Ausflug auf den Monte Pénegal unternehmen, wo ihm Südtirol praktisch zu Füßen liegt. Auch ein Besuch im märchenhaften Reich des Rosengartens oder der größten Alm Europas, der Seiser Alm, ist ohne Schwierigkeiten möglich. Oder man kann ganz einfach auch nur eine Spazierfahrt über die Südtiroler Weinstraße machen, um ganz gemütlich in einem der Lauben-Gasthäuser ein Gläschen Wein zu genießen.
Die 35 ausgesuchten und hier beschriebenen Tourenvorschläge stellen aus den vorhandenen Möglichkeiten sicherlich die schönsten und lohnendsten Unternehmungen dar. Um mit einem Minimum an Gepäck eine sportliche Fahrweise, verbunden mit einer Vielzahl landschaftlicher Eindrücke gewährleisten zu können, wurden vorwiegend Rundtouren mit einer Streckenlänge, die in ein oder zwei Tagen zu bewältigen ist, beschrieben. Längere Touren mit verschiedenen Ausgangs- und Endpunkten sowie ein Vorschlag für eine komplette Durchquerung Südtirols und der Dolomiten vom Reschenpaß bis zu den Drei Zinnen runden die Auswahl ab.
Somit verbleibt mir nur noch, Ihnen beim Radeln viel Spaß und ein gutes Gelingen zu wünschen.

Rudolf Geser

Touren-Übersicht

		Länge km	Höhen-differenz m	Höchst-steigung %	Schwierig-keitsbe-wertung	Über-setzung
1	Um die Sesvenna-Gruppe	132,5	1760	10	2	42/23
2	Über Stilfser Joch und Umbrailpaß	63	1880	15	3	42/26
3	Durch das Ultental	37,5	1600	15	2	42/26
4	Über Gampenjoch und Mendelpaß	77	1600	11	2	42/23
5	Über die Tisenser Hochebene	36	330	14	1	42/26
6	Die Südtiroler Weinstraße	35,5	280	10	1	42/21
7	Auf den Monte Pénegal	26,5	1480	18	2	42/26
8	Zu den Rittener Erdpyramiden	41,5	1050	12	1	42/26
9	Die Südtirol-Durchquerung, 1. Abschnitt	88	50	10	1	42/23
10	Die Südtirol-Durchquerung, 2. Abschnitt	113	3160	15	3	42/26
11	Die Südtirol-Durchquerung, 3. Abschnitt	98	2960	12	3	42/23-26
12	Die Südtirol-Durchquerung, 4. Abschnitt	92,5	2170	10	2	42/23–26
13	Die Südtirol-Durchquerung, 5. Abschnitt	91,5	1170	11	1	42/23–26
14	Die Brixener Dolomitenstraße	43,5	1540	11	2	42/23–26
15	Um den Kronplatz	48,5	950	16	2	42/26
16	Zu Pragser Wildsee und Plätzwiese	41,0	1170	18	2	42/26
17	Die Dolomiten von Nord nach Süd	136	2510	15	3	42/26
18	Auf die Seiser Alm	52,5	1590	15	2	42/26
19	Die Sella-Runde	57	1980	11	2	42/23–26
20	Über den Valparolapaß	51,5	1110	10	1	42/23
21	Um die Cristallo-Gruppe	37,5	930	11	1	42/23–26
22	In den Ampezzaner Dolomiten	61	1820	12	2	42/26
23	Zwischen Sella und Marmolada	69	1730	10	2	42/23
24	Um die Civetta	77	1840	15	2	42/26
25	Die Große Dolomiten-Rundfahrt, 1. Abschnitt	70	2080	11	2	42/26
26	Die Große Dolomiten-Rundfahrt, 2. Abschnitt	66	1810	12	2	42/26

		Länge km	Höhen-differenz m	Höchst-steigung %	Schwierig-keitsbe-wertung	Über-setzung
27	Über das Lavazèjoch	74	1840	13	2	42/26
28	Durch den Naturpark »Paneveggio – Pale di San Martino«	55,5	1490	18	2	42/26
29	Um die Pala	124	3040	18	3	42/26
30	Die Monte-Baldo-Höhenstraße	67	1420	12	2	42/23–26
31	Über der Gardasena Orientale	44,5	1080	14	2	42/26
32	Durch die Trümmerlandschaft der Marocche	39,5	590	12	1	42/23
33	Zum Lago di Tenno	26	520	8	1	42/21–23
34	Auf den Monte Tremalzo	32,5	1316	11	2	42/23–26
35	Zum Lago d'Idro	79	1250	14	2	42/26

Schwierigkeitsbewertung:
1 = leicht
2 = mittelschwer
3 = schwer

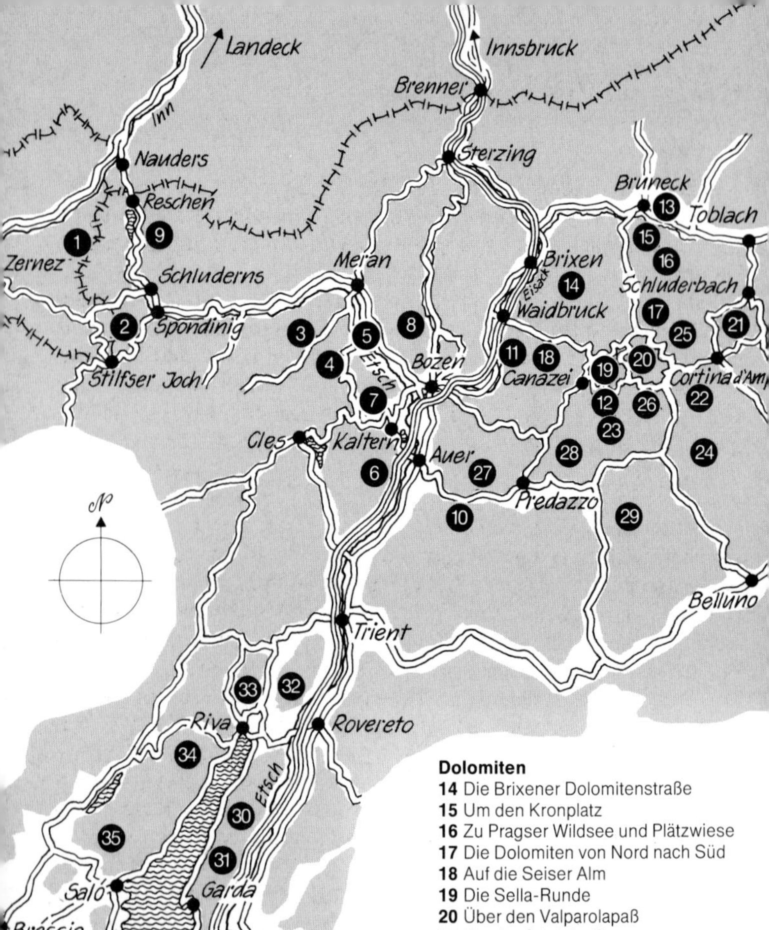

Südtirol
1 Um die Sesvenna-Gruppe
2 Über Stilfser Joch und Umbrailpaß
3 Durch das Ultental
4 Über Gampenjoch und Mendelpaß
5 Über die Tisenser Hochebene
6 Die Südtiroler Weinstraße
7 Auf den Monte Pénegal
8 Zu den Rittener Erdpyramiden
9 Südtirol-Durchquerung, 1. Abschnitt
10 Südtirol-Durchquerung, 2. Abschnitt
11 Südtirol-Durchquerung, 3. Abschnitt
12 Südtirol-Durchquerung, 4. Abschnitt
13 Südtirol-Durchquerung, 5. Abschnitt

Dolomiten
14 Die Brixener Dolomitenstraße
15 Um den Kronplatz
16 Zu Pragser Wildsee und Plätzwiese
17 Die Dolomiten von Nord nach Süd
18 Auf die Seiser Alm
19 Die Sella-Runde
20 Über den Valparolapaß
21 Um die Cristallo-Gruppe
22 In den Ampezzaner Dolomiten
23 Zwischen Sella und Marmolada
24 Um die Civetta
25 Große Dolomiten-Rundfahrt, 1. Abschnitt
26 Große Dolomiten-Rundfahrt, 2. Abschnitt
27 Über das Lavazèjoch
28 Durch den Naturpark »Paneveggio – Pale di San Martino«
29 Um die Pala

Gardasee
30 Die Monte-Baldo-Höhenstraße
31 Über der Gardasena Orientale
32 Durch die Trümmerlandschaft der Marocche
33 Zum Lago di Tenno
34 Auf den Monte Tremalzo
35 Zum Lago d'Idro

Allgemeine Hinweise

Südtirol, die Dolomiten und der Gardasee gehören aufgrund der vielfältigen, prächtigen Landschaftsszenerien, des milden Klimas und der verkehrsgünstigen Lage zu den bekanntesten und beliebtesten Feriengebieten Europas.
Geographisch umfaßt Südtirol, heute identisch mit der italienischen Provinz Bozen, ein Gebiet, das im Norden durch den Alpenhauptkamm von den österreichischen Bundesländern Tirol und Salzburg getrennt wird. Im Westen bilden die Münstertaler Alpen und die Ortler-Gruppe eine natürliche Abgrenzung zum schweizerischen Engadin. Im Gegensatz hierzu sind im Süden und Osten natürliche Grenzlinien nicht erkennbar. Die Grenze zur Provinz Trient im Süden könnte etwa eine vom Ortler im Westen zur Marmolada im Osten gezogene Linie charakterisieren, während im Osten eine Linie von Salurn im Etschtal bis zur österreichischen Grenze bei Innichen einen ungefähren Grenzverlauf aufzeigen könnte.
Die Dolomiten liegen nur zu einem Fünftel auf Südtiroler Gebiet; der weitaus größere Teil entfällt somit auf die Provinzen Belluno und Trient. Das Pustertal im Norden von Brixen bis Innichen, das Piavetal im Osten und die breiten Talbecken von Eisack und Etsch im Westen bilden hier die Grenzen, während sie im Süden, in der Gegend von Belluno, in die venetianische Tiefebene übergehen. Das Gadertal von St. Lorenzen bei Bruneck bis Corvara, der Campolongopaß nach Arabba und der Cordevole bis zu seiner Einmündung in die Piave trennen die Dolomiten nochmals in Östliche und Westliche Dolomiten.
Südtirol und die Dolomiten sind Bergländer, und so sind hier auch bei leichteren Touren fast immer Steigungen zu bewältigen. Gleiches gilt auch für die Region um den Gardasee, die im Gegensatz zu den vorgenannten Gebieten auf den ersten Blick für Radtouren weniger geeignet erscheint. Dennoch gibt es hier auch einige lohnende Touren, die vor allem in Verbindung mit einem Surf- oder Badeurlaub zu empfehlen sind. Da die vielbefahrenen tunnelreichen Uferstraßen von Radlern eigentlich strikt gemieden werden sollten, verteilen sich die Touren vor allem auf das gewaltige Massiv des Monte Baldo über dem Ostufer und den Gebirgskamm um den Monte Tremalzo über dem westlichen Ufer.

Reisezeit

Durch den Alpenhauptkamm, der eine Art Schutzwall gegen die kalten Nordwinde bildet, sind die beschriebenen Gebiete klimatisch äußerst begünstigt.
Im Etschbecken, in der Gegend von Meran oder im Bozener Unterland sind die Temperaturen bereits zur Blütezeit im April mild, und man kann bis über die Weinlese Ende September/Anfang Oktober hinaus Radtouren unternehmen.
Aber auch in den Dolomiten sind die Pässe meist schon Anfang Mai schneefrei und die Temperaturen zum Radfahren geeignet. Zu dieser Zeit kann man die Dolomiten sogar fast noch als einsam bezeichnen. Dies ändert sich allerdings mit fortschreitender Jahreszeit. In den Hauptreisemonaten Juli und August empfiehlt sich für den Radler, sofern er nicht auf einen anderen Zeitpunkt ausweichen kann, ein sehr früher Aufbruch, um dem Verkehr so weit wie möglich zu entgehen. Mitte September wird es dann wieder ruhiger, und meist kann man auch in den höheren Lagen noch bis in den Oktober hinein Touren unternehmen.
Am Gardasee beginnt der Frühling eher als in vergleichbaren Breitengraden, und es bleibt sogar bis Mitte November angenehm warm. Am schönsten ist das Gardaseegebiet eigentlich im Frühjahr, im April und Mai, wenn sich am Monte Baldo eine einzigartige Blütenpracht entfaltet und im Herbst, wenn es am See wieder einsam wird.
Bei der Planung eines Kurzurlaubs ist insbesondere der Ferragosta zu berücksichtigen, also die Tage um den 15. August, an denen praktisch ganz Italien auf den Beinen, beziehungsweise auf den Rädern ist.
Trotzdem findet sich für den Radler, der alleine oder zu zweit unterwegs ist, auch in der Hauptreisezeit immer eine Unterkunft für eine Nacht. Bei größeren Gruppen erscheint Voranmeldung allerdings unverzichtbar. Prospektmaterial bzw. die Telefonnummern der örtlichen Fremdenverkehrsämter können über das

Staatliche Italienische Fremdenverkehrsamt E. N. I . T.
Goethestraße 20, 8000 München 2,
Telefon: 089/53 03 69 oder 53 03 60

angefordert werden.

Tips: Gerät, Ausrüstung, Fahrverhalten

Fahrrad

Alle beschriebenen Touren können mit Rennrädern, Touren- oder Rennsporträdern unternommen werden, soweit diese über die entsprechenden Übersetzungsmöglichkeiten verfügen. Grundsätzlich ist auch in Italien Beleuchtung an Fahrrädern gesetzlich vorgeschrieben. Die Einhaltung dieser Bestimmung wird an Rennrädern, vergleichbar mit anderen europäischen Ländern, im Regelfall nicht überwacht. Es empfiehlt sich dennoch gerade an Rennrädern die Anbringung eines batteriebetriebenen Rücklichts, dessen Befestigung problemlos am Sitzrohr möglich ist. Bei längeren Touren sollte auch am Lenkervorbau ein batteriebetriebener Scheinwerfer montiert werden. Bei Fahrten in der Dämmerung, aber auch in schwach oder gänzlich unbeleuchteten Tunnels ist dadurch ein erheblicher Sicherheitsfaktor gegeben.
Auch bei Touren mit längeren Abfahrten ist nach meinen Erfahrungen die Verwendung von Drahtreifen an Rennrädern nicht notwendig. Ich habe alle Touren mit normalen Schlauchreifen unternommen und dabei kein einziges Mal Probleme mit verrutschenden Reifen bzw. verschobenen Ventilen gehabt. Wegen der hohen Geschwindigkeiten bei Abfahrten ist das Aufkleben des Reifens der Befestigung mittels Klebeband vorzuziehen. Ganz Sicherheitsbewußte können den Kleber auch mit Pattex im Verhältnis 1:1 mischen.
Drahtreifen bieten allerdings im Falle eines Defekts den Vorteil, diesen mittels Flickzeug beheben zu können, wodurch auf die Mitnahme von Reservereifen verzichtet werden kann. Dieser Vorteil muß allerdings mit einem etwas erhöhten Rollwiderstand gegenüber Schlauchreifen erkauft werden. Einen gewissen Ausgleich bieten hier Schlauchreifen mit einer Sicherheitseinlage aus Stahlgewebe, Kevlar oder ähnlichem zwischen Protektor und Karkasse, welche die Gefahr einer Reifenpanne erheblich mindern (beispielsweise Invulnerable oder Sp 1 von Wolber, Futur CX von Clement).
Wichtig ist, daß in regelmäßigen Abständen und gerade vor Bergfahrten der Zustand der Bremsen, insbesondere der Bremsgummis und Seilzüge überprüft wird. Auch die Kette sollte, weniger wegen der Gefahr der Beschädigung als vielmehr wegen einer reibungsloseren Kraftübertragung, regelmäßig alle 3000 km gewechselt werden.
Überprüfen Sie vor jeder Tour den Spannungszustand der Speichen an Vorder- und Hinterrad, und verwenden Sie, zumindest am Hinter-

rad, Felgen mit 36 Speichen. Zum einen ist die Gefahr eines Speichenrisses um so geringer, je mehr Speichen vorhanden sind, zum anderen ist bei einem Speichenriß der Ausschlag der Felge geringer, so daß die Tour meist noch ohne sofortiges Ersetzen der Speiche beendet werden kann.

Ausrüstung

Natürlich ist die Ausrüstung vom Charakter und von der Länge der jeweiligen Tour abhängig. Bedenken Sie jedoch, daß Sie mit Verlassen der geschützten Täler rasch in Hochgebirgsregionen vorstoßen. Zumindest auf eine Regenjacke, am besten aus speziellem Material, das wasserdicht und zugleich luftdurchlässig ist (zum Beispiel Gore-Tex), sollte deshalb auf keinen Fall verzichtet werden. Eine Radsportmütze verhindert gerade bei Bergfahrten, daß der Schweiß in die Augen läuft, und hält zusätzlich die Sonneneinstrahlung ab. Zudem schützen Regenjacke und Radsportmütze bei Abfahrten den Körper bzw. die Kopfhaut vor Unterkühlung durch den Fahrtwind.
Bewährt haben sich auch Ärmlinge und Beinlinge, die insbesondere in den kühlen Morgenstunden recht nützlich sind. Bei fortschreitender Erwärmung passen sie, klein zusammengelegt, in jede Trikottasche. Sehr zu Unrecht haben sich diese praktischen Hilfsmittel bei den Hobbyradlern, im Gegensatz zu den Berufsfahrern, noch nicht durchgesetzt.
Bei Zwei-Tages-Touren, eine Übernachtung in Gasthöfen oder Pensionen vorausgesetzt, ist als Minimal-Ausrüstung eine komplette Garnitur Unterwäsche, 1 Paar Überschuhe, 1 lange Radhose, Socken, T-Shirt, Trikot sowie 1 Paar Turnschuhe, die notfalls auch in Pedalhaken passen, unerläßlich. Mit Verpflegung, einem Fotoapparat für Erinnerungs-Schnappschüsse, Werkzeug und einem kleinen Erste-Hilfe-Set sollte ein Gesamtgewicht von 5 kg nicht überschritten werden.
Die einfachste Lösung zur Gepäckunterbringung ist sicherlich ein Rucksack, doch können bei längeren Fahrten durch das zusätzliche Gewicht allerdings Sitzbeschwerden auftreten. Hier bieten sich eigens für Rennräder entwickelte Gepäckträger (zum Beispiel von Blackburn, Esge, Velta, Karimur und andere) mit zwei nicht zu großen Packtaschen als Lösung an. Sie werden mit zwei Laschen oberhalb des Bremssteges um die Sitzstreben und mit einer speziellen Verschraubung im dreieckigen Auge der hinteren Ausfallenden angebracht. Aus Sicherheitsgründen sollten sie dreifach verstrebt sein.

Auch eine noch so vorsichtige Fahrweise und sorgfältige Kontrolle des Materials kann zwei mögliche Defekte, die insbesondere an Rennrädern immer wieder auftreten, nicht verhindern: Während einer dieser Defekte, eine Reifenpanne, durch Mitführen von Ersatzreifen, bei Drahtreifen durch Montagehebel, Flickzeug und eventuell Ersatzschlauch, recht rasch zu beheben ist, wird dies beim Riß einer Speiche schon problematischer. Neben einem kleinen Schraubenzieher, dessen Klinge auswechselbar und somit sowohl als Schlitz- als auch als Kreuzschlitzschraubenzieher zu verwenden ist, und zwei Inbus-Schlüsseln (5 mm und 6 mm) führe ich deshalb in der Reifentasche immer einen Nippelspanner sowie einen speziellen Zahnkranzabzieher (»Libero« von Velotech) mit, der allerdings nur bei bestimmten Naben mit Kassettenzahnkränzen angewendet werden kann. Einige Speichen habe ich immer mittels Klebeband am Sitzrohr befestigt, ein Speichenwechsel, auch auf der Zahnkranzseite des Hinterrades, ist so jederzeit möglich. Ist die Verwendung dieses speziellen Zahnkranzabziehers nicht möglich, so können statt dessen der für das jeweilige Fabrikat entsprechende Abzieher und der notwendige Schraubenschlüssel mitgeführt werden, der allerdings dann so bearbeitet werden muß, daß er in die Reifentasche paßt, gleichzeitig aber noch als Hebel zu benutzen ist.
Die Mitnahme eines Nippelspanners sowie Reservespeichen möchte ich jedoch in jedem Fall empfehlen, da auch Speichen am Vorderrad bzw. der dem Zahnkranz gegenüberliegenden Seite reißen können und mit dem Nippelspanner ein provisorisches Auszentrieren auch ohne Speichenwechsel möglich ist.

Fahrverhalten

Beginnen Sie längere Touren mit Steigungen lieber zu langsam als zu schnell, und verwenden Sie bei Fahrten mit Gepäck eher einen größeren Gang als einen zu kleinen, um am Ende der Tour noch Reserven zu haben. Achten Sie stets darauf, ausreichend Flüssigkeit zu sich zu nehmen, und füllen Sie die Wasserflasche unterwegs rechtzeitig nach. Wichtig ist auch die Nahrungszufuhr, halten Sie deshalb bei längeren Touren öfter an, und nehmen Sie dabei etwas kohlenhydratreiche Verpflegung, zum Beispiel Bananen, Fruchtschnitten, Trockenobst oder Müsliriegel, zu sich. Für die Weiterfahrt belastet diese nicht allzusehr und beugt zudem plötzlichem Leistungsabfall und dem gefürchteten »Hungerast« vor.
Fahren Sie bei Abfahrten bewußt defensiv. Vor allem auf höhergele-

genen Bergstraßen ist immer wieder mit Schlaglöchern und Steinen auf der Fahrbahn zu rechnen. Verbogene Felgen, gerissene Speichen bis hin zu einem Sturz können die Folge sein. Setzen Sie deshalb die Geschwindigkeit so weit wie möglich herab, wobei durch Aufrichten des Oberkörpers zusätzliche Bremswirkung erzielt werden kann, und lockern Sie vor jeder Abfahrt die Pedalriemen.

Gerade in den kleineren, etwas abseits der Hauptreiserouten gelegenen Dörfchen Italiens geht eine große Gefahr von Hunden aus, die plötzlich vor das Rad laufen können. Vorsicht auch vor Traktoren und landwirtschaftlichen Fahrzeugen, die häufig völlig unvorhersehbar in die Wein- und Obstgärten abbiegen. Beide Hände deshalb stets griffbereit am Lenker halten.

Einen wirksamen Schutz vor Kopfverletzungen bei Stürzen bietet aber nur ein Schutzhelm, auf den man, über einem schweißsaugenden Stirnband getragen, auch bei größter Hitze nicht verzichten sollte.

Erläuterung zu den Kurzangaben

Strecke
Die Angabe der wichtigsten Orts- und Paßnamen soll als Groborientierung dienen.

Charakter
Neben der Angabe der Höchststeigung erfolgt eine Unterteilung in die Schwierigkeitsgrade »leicht«, »mittelschwer« und »schwer«. Da eine Einteilung der Schwierigkeitsgrade alleine aufgrund objektiver Merkmale, wie etwa Streckenlänge, Höhendifferenz oder Höchststeigung, nicht möglich ist, wurde dabei in erster Linie berücksichtigt, welche Anforderungen die Tour in ihrer Gesamtcharakteristik an die Kondition des Fahrers stellt.

Leichte Radtour: Es werden weder aufgrund der Streckenlänge noch der zu bewältigenden Höhenunterschiede besondere Anforderungen an die Kondition gestellt. Die Höchststeigung beträgt in der Regel nicht über 10%, wobei längere flachere Abschnitte immer wieder ausreichend Erholung und ein zügiges Vorwärtskommen ermöglichen. Die reine Fahrzeit überschreitet 2 bis 3 Stunden nicht. Aufgrund ihrer Gesamtcharakteristik kann die Tour auch ohne regelmäßiges Training bewältigt werden.

Mittelschwere Radtour: Ihre Befahrung setzt bereits eine gewisse Grundkondition und Vorbereitung voraus. Steigungen von 10% und darüber sind auch über längere Streckenabschnitte zu bewältigen. Die reine Fahrzeit beträgt meist über 3 Stunden, wobei Höhenunterschiede bis zu 2000 Höhenmeter zu bewältigen sind.

Schwere Radtour: Ausgezeichnete Kondition und ein regelmäßiges Training sind für ein gutes Gelingen unabdingbare Voraussetzungen. Lange Distanzen mit Höhenunterschieden bis zu 2000 Höhenmeter und darüber oder außergewöhnlich starke Steigungen über längere Strecken sind dabei innerhalb einer Etappe zu bewältigen. Die reine Fahrzeit überschreitet 4 Stunden erheblich. Mindestens 2000 Trainingskilometer, erprobtes Material und entsprechende Erfahrung sollten für die Bewältigung schwerer Radtouren selbstverständliche Voraussetzungen sein.

Zeit
Bei der ersten der beiden genannten Zeitangaben handelt es sich um die von mir benötigte reine Fahrzeit ohne Pausen. Konditionsstarke Fahrer können diese Zeit sicherlich unterbieten. Gefahren wurde mit

einem Rennrad, bei Ein-Tages-Touren ohne Gepäck, bei längeren Unternehmungen mit einem Rucksack, dessen Gewicht nicht mehr als 5 kg betrug. Als Faustregel empfiehlt es sich, für reine Fahrzeiten bis zu 3 Stunden mindestens ½ Stunde an Pausen für Nahrungsaufnahme, Kartenstudium oder Kleiderwechsel hinzuzurechnen.
Die zweite Zeitangabe ist ein Wert, der auch von Tourenfahrern mit 15 und mehr kg Gepäck erreicht werden kann. Die beiden Zeitangaben sind als Richtwerte zu sehen, innerhalb derer die Bewältigung der Tour jedermann möglich sein müßte.

Länge

Sie gibt die Streckenlänge vom Ausgangs- bis zum Endpunkt an. Es handelt sich hierbei nicht um eine reine Berechnung anhand von Karten, sondern um die von mir mittels eines Fahrradtachos tatsächlich gemessene Strecke. Sie kann deshalb geringfügig von offiziellen Kilometerangaben abweichen.

Höhendifferenz

Sie wurde aufgrund offizieller Angaben in Karten und Führern errechnet. Kleinere Anstiege und Abfahrten ohne wesentliche Höhenunterschiede zwischen zwei Berechnungspunkten konnten dabei nicht berücksichtigt werden.

Übersetzung

Die Angaben beziehen sich auf die von mir gefahrene kleinste Übersetzung. So bedeutet zum Beispiel 42/23, daß ich zur Bewältigung der Tour neben dem 42er Kettenblatt vorne als größtes Ritzel hinten eines mit 23 Zähnen benötigte. Da die richtige Übersetzung sehr stark von den körperlichen Voraussetzungen sowie dem Trainingszustand des Fahrers abhängig ist, wurden, soweit dies notwendig erschien, zwei Ritzelangaben gemacht. In diesem Fall ist das Vorhandensein bzw. die Benützung des größeren Ritzels dringend anzuraten. Bei den heute üblichen 6-Gang-Zahnkränzen können beispielsweise mit der Abstufung 13-15-18-21-23-26 alle Touren bewältigt werden. Für Tourenfahrer mit viel Gepäck empfiehlt sich eine Abstufung 14-17-20-23-26-28, wenn nicht ohnehin ein Dreifach-Kettenblatt, das Übersetzungen bis fast 1:1 ermöglicht, benutzt wird.

Ausgangspunkt

Hier sind Name und Höhenangabe des jeweiligen Orts vermerkt.

Befahrbarkeit

Es wurden eventuell bestehende Wintersperren von Straßen oder Pässen angegeben. Zu beachten ist jedoch, daß Verschiebungen der Paßöffnungszeiten oder tagelange Straßensperren aus witterungsbedingten Gründen jederzeit möglich sind. Auskünfte über die Befahrbarkeit der Paßstraßen können bei folgenden Informationsdiensten eingeholt werden:

Deutschland	ADAC	Tel.0 89/50 50 61
Italien	ACI	Tel. 4 71/99 38 08

Karte

Alle beschriebenen Touren können mit den beiden Generalkarten Südtirol und Gardasee/Venedig, Mairs Geographischer Verlag, Maßstab 1:200 000, abgedeckt werden. Auf eine diesbezügliche Angabe unter den jeweiligen Touren-Kurzangaben konnte deshalb verzichtet werden. In Verbindung mit den Streckenbeschreibungen und -skizzen in diesem Buch gewährleisten sie sowohl einen umfassenden Überblick über die Tour als auch ein sicheres Auffinden der Strecke. Karten mit einem größeren Maßstab haben allerdings den Vorteil, noch mehr über die landschaftlichen Eindrücke zu informieren. Da hier für jede Tour meist eine eigene, teilweise sogar mehrere Karten notwendig sind, wurde die jeweilige Karte von KOMPASS mit einem Maßstab 1:50 000 angegeben.

Südtirol

1 Um die Sesvenna-Gruppe

Südtirol

Strecke Glurns – Taufers – Ofenpaß – Zernez – Schuls – Martina – Norberthöhe – Nauders – Reschenpaß – Glurns

Charakter Mittelschwere Radtour mit maximal 10% Steigung vom Vinschgau ins Unterengadin

Zeit 5 ¼–6 ½ Stunden

Länge 132,5 km

Höhendifferenz 1760 m

Übersetzung 42/23

Ausgangspunkt Glurns (907 m)

Karten KOMPASS Wanderkarte 1:50 000, Blatt 52; Landeskarte der Schweiz 1:100 000, Blatt 39

Befahrbarkeit Ganzjährig befahrbar

Streckenbeschreibung Die Sesvenna-Gruppe, auch Münstertaler Alpen genannt, ist eine noch einsame, wenig bekannte Berggruppe, die im äußersten Nordwesten Südtirols die Grenze zu Österreich und der Schweiz bildet. Bekannter und leider auch weniger still sind dagegen die Täler, die sie umgeben: der Obervinschgau, das Münstertal und das Unterengadin. Womit bereits zum Ausdruck kommt, daß der Radler diese Tour nicht unbedingt zu den Hauptreisezeiten im Juli und August unternehmen sollte, wo insbesondere der Streckenabschnitt über den Reschenpaß durch den von Österreich Richtung Meran flutenden Urlaubsverkehr sehr stark befahren ist. Außerhalb dieses Zeitraums ist die Route vor allem im schweizerischen Bereich über den Ofenpaß und durch das Unterengadin jedoch weniger frequentiert, als man vermuten möchte, und so kann diese landschaftlich äußerst reizvolle Radtour guten Gewissens empfohlen werden.

Als Ausgangspunkt sollte das winzige Städtchen Glurns (km 0,0) gewählt werden, dessen vollständig erhaltene Stadtbefestigung mit den schießschartenstarrenden Tortürmen uns unvermittelt ins Mittelalter zurückversetzt. Vom geräumigen Hauptplatz mit seinen behäbigen, teils schön bemalten Häusern mit Rundbogenportalen und Erkern verläßt man den Ort, der Beschilderung »Taufers/Svizzeria« folgend, durch den südlichen Stadtturm mit seinen drohenden Vorrichtungen für Fallgatter und Zugbrücke. Bis zur Einmündung der von Laatsch kommenden Straße (km 4,0) bleibt Zeit zum Einrollen, bevor die Steigung mit der Einfahrt in das Münstertal durch den Glurnser Wald auf 8% zunimmt. In Taufers (km 8,0), dem letzten Ort vor der Schweizer Grenze (km 10,0), geht sie wieder zurück, fast eben radelt man nach Müstair (km 10,5), und langsam nimmt die Steigung bis Santa Maria (km 14,0) wieder auf 8% zu, wo uns ein kurzer 12%iger

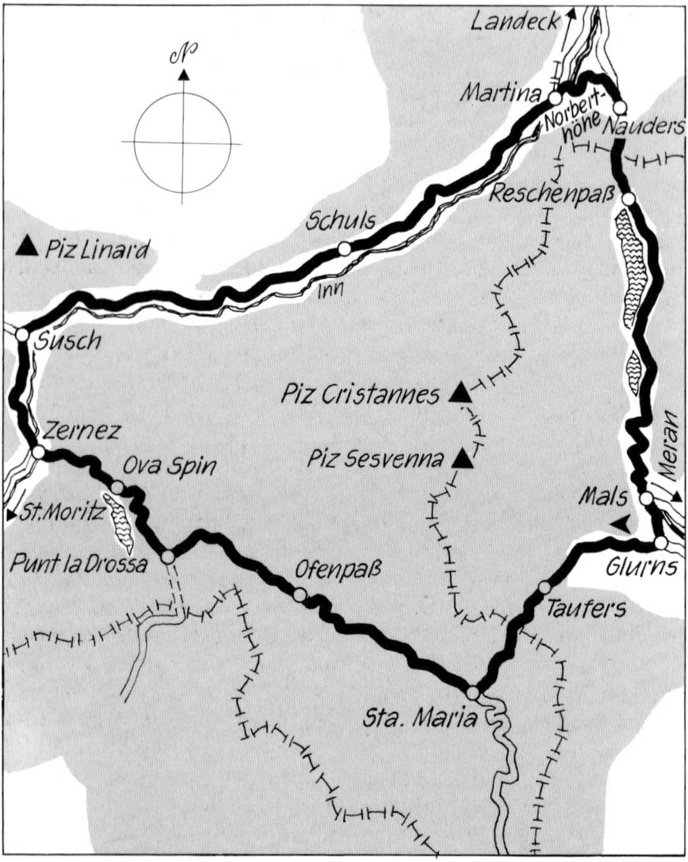

Landeck
N
Martina
Norbert-höhe
Nauders
Reschenpaß
Schuls
Piz Linard
Inn
Susch
Piz Cristannes
Zernez
Piz Sesvenna
Ova Spin
Meran
St. Moritz
Mals
Punt la Drossa
Ofenpaß
Glurns
Taufers
Sta. Maria

Hm
2500
2000
1500
1000
500
Ofenpaß 2149
Ova Spin 1838
Punt la Drossa 1706
Zernez 1473
Norberthöhe 1407
Reschen 1455
Nauders 1394
Glurns 907
Martina 1035
Glurns 907
28,5
38,5
43,5
49,5
95,5
101,5
102,5
110,5
132,5
20
40
60
80
100
120
140
Km

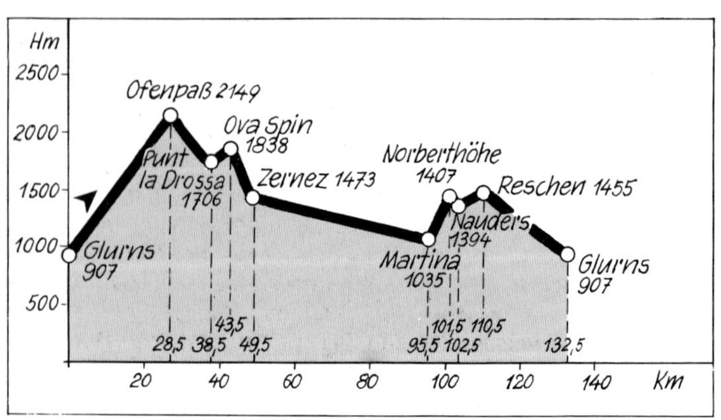

Anstieg durch den Ort aus dem Sattel zwingt. Im grünen Talboden wechseln dann, vorbei an den vom Fremdenverkehr noch kaum berührten Dörfchen Valchava und Fuldera (km 19,5), 10%ige Anstiege mit längeren flacheren Abschnitten ab, bevor mit Tschierv (km 22,0) die letzte Ortschaft vor der Paßhöhe erreicht wird. Riesige Schuttreißen, die von den Berghängen bis zu den Lärchenwäldern am Straßenrand heranreichen, vermögen das freundliche Landschaftsbild kaum zu stören, und auch die über eine Kehrengruppe mit 10% zur Paßhöhe (km 28,5) ansteigende Straße stellt kein großes Hindernis dar. Von eigentümlich herbem Reiz ist die Landschaft des Schweizer Nationalparks, mit schroffen Dreitausendern, deren geröll- und felsdurchsetzte Gipfel fast übergangslos in dichten Nadelwald eintauchen, durch den die Straße nun treppenartig mit Gefälle bis 10% und wenigen Kurven abfällt. In Punt la Drossa (km 38,5), wo der lange Munt-la-Schera-Tunnel in das Zollfreigebiet von Livigno abzweigt, wartet jedoch ein Gegenanstieg, der anfangs gemächlich, dann nochmals auf 10% zunehmend zur Parkgrenze bei Ova Spin (km 43,5) führt, bevor es bis Zernez (km 49,5) endgültig abwärts rollt. Dem Lauf des Inn folgend, der vom Malojapaß kommend auch noch keine längere Reise hinter sich hat als wir, radelt man Richtung Davos/Schuls ins Unterengadin ein. Wie der Fluß überwindet auch die Straße auf den nächsten 45 km bis zur schweizerisch/österreichischen Grenze bei Martina ein Gefälle von mehr als 400 Hm und ermöglicht so ein bequemes, schnelles Vorwärtskommen. Nur an Talverengungen, wie etwa hinter Giarsun (km 63,0), wo uns ein leichter Anstieg das 17er Ritzel einlegen läßt, und bei Schuls (km 75,0), wo ein längerer Anstieg mit Steigungen bis 8% wohl das kleine Kettenblatt erfordert, wird die Fahrt etwas gebremst. In Martina (km 95,5) trennt man sich, der Beschilderung »Reschenpaß/Nauders« folgend, sowohl vom Inn als auch von der Schweiz, und Österreich erwartet uns mit einer gleichmäßig zwischen 6 und 8% ansteigenden Straße, die an den bewaldeten Hängen des Kleinmutzkopfes über elf Kehren zum Gasthof Norberthöhe (km 101,5) führt. Bis Nauders (km 102,5) fällt die Straße dann ab, steigt bis zur Grenze (km 108,0) nur noch leicht an, um hinter Reschen (km 110,5) lange eben am gleichnamigen Stausee und dem anschließenden kleinen Haidersee (km 123,0) entlangzuführen. In weiteren Kehren mit 7% Gefälle rollt es dann über den grasbewachsenen Murkegel der Malser Haide abwärts, die firnglänzenden Spitzen von Ortler, Königsspitze und Cevedale im Süden bilden nochmals ein prachtvolles Panorama, bevor man bei den weitverstreuten Häusern von Mals (km 130,5) dem Abzweiger nach Glurns (km 132,5) folgt. Hier sollte man dann nicht versäumen, den Tag mit einem kleinen Rundgang durch das Festungsstädtchen mit seinen engen Gassen und pittoresken Winkeln abzuschließen.

2 Über Stilfser Joch und Umbrailpaß

Südtirol

Strecke Prad am Stilfser Joch – Stilfser Joch – Cantoniera IVa – Umbrailpaß – Sta. Maria im Münstertal – Müstair – Prad am Stilfser Joch

Charakter Schwere Radtour mit maximal 15% Steigung über die »Königin der Alpenstraßen«

Zeit 4 ½–6 ½ Stunden

Länge 63 km

Höhendifferenz 1880 m

Übersetzung 42/26

Ausgangspunkt Prad am Stilfser Joch (915 m)

Karte KOMPASS Wanderkarte 1:50 000, Blatt 52

Befahrbarkeit Wegen Wintersperre der Alpenpässe ist die Strecke nur zwischen 1. Juni und 31. Oktober befahrbar; der Grenzübergang auf dem Umbrailpaß ist vom 1. Juli bis 30. September von 22 bis 6 Uhr, in der übrigen verkehrsoffenen Zeit von 20 bis 6 Uhr geschlossen; Sulden-Hochtalstraße ganzjährig befahrbar

Streckenbeschreibung Ihre Vorrangstellung als höchste Straße der Alpen hat die Stilfser-Joch-Straße bereits seit langem an die Iseran-Paßstraße und die Restefond-/Bonette-Paßstraße in den französischen Seealpen abtreten müssen. Geblieben ist ihr die Bezeichnung »Königin der Alpenstraßen«, die sie weniger wegen der Vielzahl landschaftlicher Eindrücke, die sie vermittelt, sondern vielmehr der beispiellosen Trassenführung mit ihren 48 Haarnadelkehren zu verdanken hat. Von Prad (km 0,0), an der Einmündung des Trafoitals in den Vinschgau, steigt die Straße mit 10% am Suldenbach entlang in einem schluchtartigen Talabschnitt nach oben. Bei der ehemaligen Bergwerkssiedlung Stilfser Brücke (km 5,0) wird der Suldenbach überquert, und rückblickend zeigt sich kurz die schneebedeckte Spitze der Weißkugel, des zweithöchsten Berges der Ötztaler Alpen. An der rechten Seite der bewaldeten, keinerlei Aussicht gewährenden Schlucht führt die Straße bei gleichbleibender Steigung zu der ehemaligen österreichischen Sperrfestung Gomagoi (km 6,5), dem ersten größeren Dorf des Tales. An der Abzweigung ins Suldental (siehe Beschreibung Abstecher) vorbei, ändert sich an der Steigung und der Umgebung wenig, dafür wird die Talseite öfters gewechselt und unvermittelt die erste Kehre, gekennzeichnet mit einem Kilometerstein mit der Aufschrift 48, erreicht. Kurz vor Trafoi (km 10,0), der letzten Ortschaft vor der Paßhöhe, treten die bewaldeten Bergflanken zurück, und ein großartiger Blick auf den stark vergletscherten Talschluß tut sich auf. Nach dem Ort führt eine Kehrengruppe an den bewaldeten Hängen des Fallaschkammes nach oben, deren Steigung auf einem kurzen Abschnitt beim Gasthof Weißer Knott

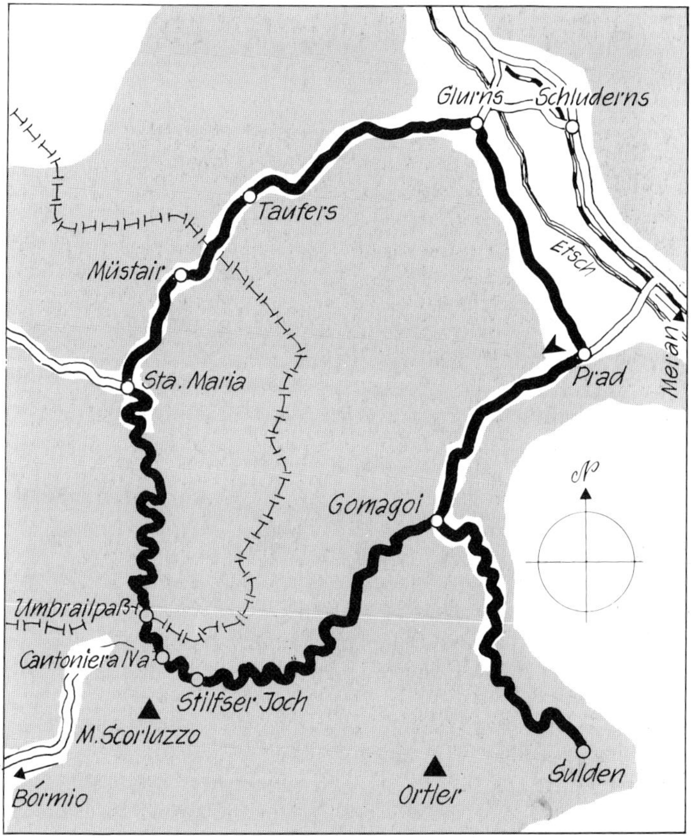

Glurns
Schluderns
Taufers
Müstair
Etsch
Meran
Prad
Sta. Maria
N
Gomagoi
Umbrailpaß
Cantoniera IVa
Stilfser Joch
M. Scorluzzo
Sulden
Bórmio
Ortler

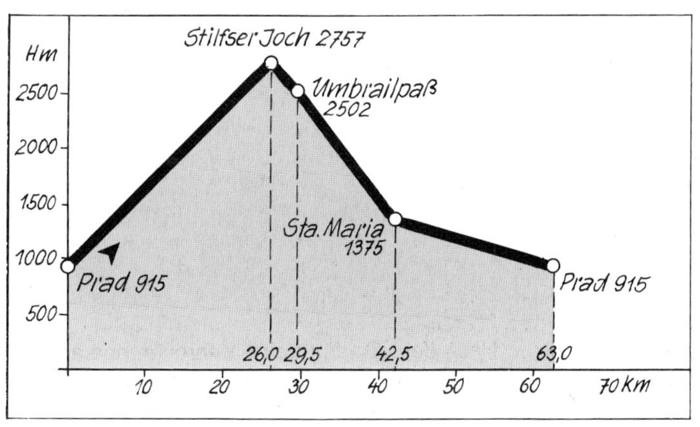

(km 15,5) einmal sogar 15% erreicht. Majestätisch erhebt sich auf der gegenüberliegenden Talseite der Ortler, dessen schutt- und felsbedeckter unterer Wandteil in eine gletscherbedeckte Krone übergeht. Weitere Kehren mit 10% Steigung an einem aus Fels und Geröll bestehenden Berghang der rechten Talseite bringen zur Franzenshöhe hinauf, wo der Verlauf der 21 noch vor uns liegenden Kehren anhand der Betonabstützungen bereits bis zur Paßhöhe zu verfolgen ist. Ein völlig überraschendes Fahrgefühl bietet sich, wenn man, die teilweise stark überhöhten Kehren weit außen anfahrend, sogar ganz kurz zum inneren Rand abfahren kann, um sich so Schwung für die folgende Rampe mit Steigungen bis 12% zur nächsten Kehre zu holen. Unvermittelt liegt dann die Paßhöhe (km 26,0) vor uns, deren Trubel man über die schleifenartig abfallenden Kehren zur Cantoniera IVa (km 29,0) bald verläßt. Nach wenigen hundert m ist die schweizerische Zollstation auf der Umbrail-Paßhöhe (km 29,5) erreicht, und eine lange Abfahrt über die nur teilweise asphaltierte Straße bis Santa Maria im Münstertal (km 42,5) liegt vor uns. Das Münstertal auswärts fällt die Straße bis zur Grenze (km 48,0) weiter ab, eine Talstufe mit Gefälle bis 8% bringt uns in den Vinschgau und auf ebener Strecke nach Glurns. Eine gut ausgebaute, meist leicht abfallende Straße führt dann rasch zum Ausgangspunkt (km 63,0) zurück.

Hinweis: Der Umbrailpaß ist nur knapp zur Hälfte asphaltiert, bei entsprechender Fahrweise jedoch auch mit schmalen Schlauchreifen gut befahrbar.

Abstecher zur Sulden-Hochtalstraße (+ 11,0 km, + 647 Hm, + ¾–1 Std.). In Gomagoi (km 0,0) folgt man dem kleinen blauen Hinweisschild nach Sulden und fährt kurz bis auf Höhe des Trafoier Baches ab. In einem engen, dicht bewaldeten Talabschnitt steigt die Straße auf 8% an, der Suldenbach wird überquert (km 1,5), und über zwei Kehren nimmt die Steigung auf 13% zu. Mit gleichbleibender Steigung zieht sich die Straße dann durch die verstreuten Häuser von Außersulden, während voraus der Ortler sichtbar wird, der hier mit dem Marltgrat ins Suldental abfällt. Am Ortsende (km 4,5) geht die Steigung zurück, und an der folgenden Abzweigung (km 6,0) wählt man die den Suldenbach wieder überquerende Straße. Über mehrere Kehren zieht sich die Strecke nochmals auf einer Länge von 1,5 km auf 13% bergwärts. An einer kleinen Kuppe steht man schließlich fast unmittelbar am Fuße der Ortler-Nordostwand, durch die ein gewaltiger Eisschlauch, einer der schwierigsten Eisanstiege der Ostalpen, zum Gipfel leitet. Auf die Berge über dem Talschluß zu wird Sulden (km 9,0) unschwierig erreicht, einer kurzen Abfahrt im Ort folgt ein ebensolcher Anstieg, und fast eben rollt es dann bis zu den letzten Häusern des Ortes, wo die Straße vor den Firnfeldern der Königsspitze (km 11,0) endet.

3 Durch das Ultental

Südtirol

Strecke Lana – St. Pankraz – St. Walburg – St. Nikolaus – St. Gertraud – Weißbrunnsee

Charakter Mittelschwere Radtour mit maximal 15% Steigung von Meran ins Hochgebirge

Zeit 2¾–3¼ Stunden

Länge 37,5 km

Höhendifferenz 1600 m

Übersetzung 42/26

Ausgangspunkt Lana (301 m), ca. 6 km südlich von Meran

Karten KOMPASS Wanderkarte 1:50 000, Blatt 53 und 72

Befahrbarkeit Ganzjährig befahrbar

Streckenbeschreibung Das Ultental, das sich vom Meraner Bekken in südwestlicher Richtung fast 40 km weit bis zu den Spitzen der Ortler-Gruppe zieht, war lange Zeit eine einsame, vom Verkehr fast unberührte Landschaft. Erst durch die im Zuge der errichteten Wasserkraftanlagen gebaute Straße wurde das einstmals schwer zugängliche Tal auch dem Fremdenverkehr erschlossen. Das anfangs eintönig wirkende, von bewaldeten Bergrücken gesäumte Tal wird landschaftlich um so reizvoller, je weiter man hineinfährt. Mehrere Stauseen, Wildbäche, weite Hochalmen und vor allem die schönen, teils uralten Bauernhöfe am Talschluß lohnen die Auffahrt und lassen das Fehlen von landschaftlichen Glanzpunkten nicht vermissen.
Wer sich mit dem Fahrrad auf den Weg macht, sollte wegen der Länge der Tour und des zu bewältigenden Höhenunterschiedes bereits eine gute Kondition haben, wenn er in Lana (km 0,0) der Beschilderung »Ultental« folgt. Zwischen Weinbergen und Apfelbaumplantagen steigt die Straße kehrenreich über eine Steilstufe, mit der das Tal zur Etsch abbricht, an. 10% beträgt die Steigung, die an der Burg Braunsberg vorbei auf eine Länge von fast 4,5 km anhält. Bewaldete Berghänge rücken näher an die Straße, die zuerst auf 6% zurückgeht und nach einem ebenen Stück (km 6,5) sogar in eine längere leichte Abfahrt bis St. Pankraz (km 9,0) ausläuft. Die größte Siedlung des äußeren Ultentales wird durch ein kurzes Tunnel umfahren. Entlang der rechten Talseite nimmt die Steigung nach einem ebenen Straßenstück wieder auf 8 bis 10% zu. Vier beleuchtete Tunnels führen am kleinen aufgestauten Staudachsee vorbei in das Gemeindegebiet von Ulten. Nach dem letzten Tunnel (km 13,5) geht die Steigung auf eine Länge von fast 3 km zurück. Wiesen und Wälder, von schönen Bauernhöfen durchsetzt, prägen das Bild der Talhänge. Bis St. Walburg (km 18,5) nimmt die Steigung wieder auf 10% zu. Eben rollt es dann am nordwestlichen Ufer des Zoggler

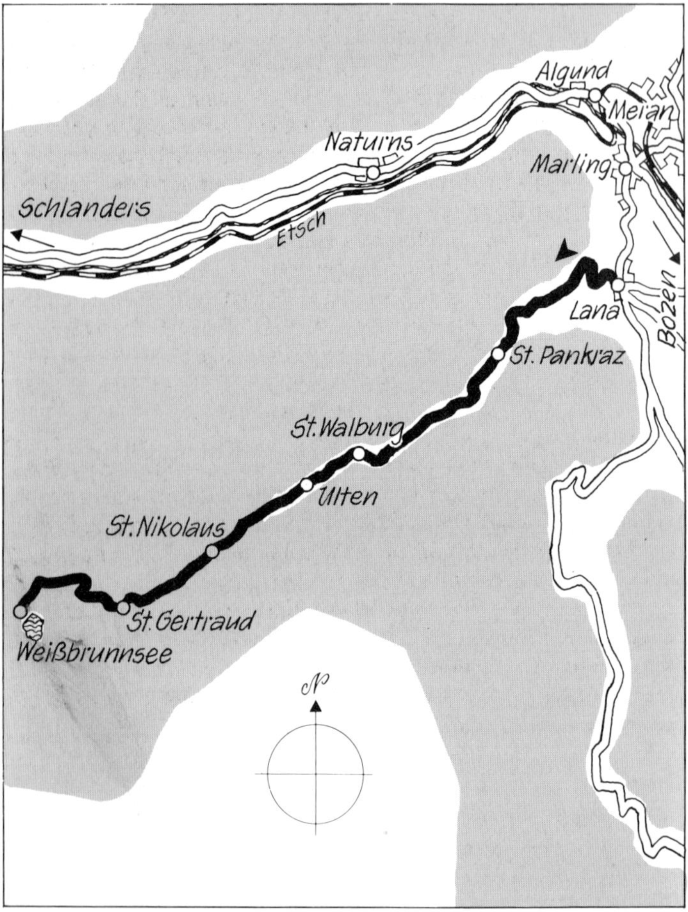

Algund
Meran
Naturns
Marling
Schlanders
Etsch
Lana
Bozen
St. Pankraz
St. Walburg
Ulten
St. Nikolaus
St. Gertraud
Weißbrunnsee
N

Hm
2000
1500
1000
500
Weißbrunnsee
1900
St. Nikolaus
1256
St. Gertraud
1519
Lana 301
26,0
32,5
37,5
5
10
15
20
25
30
35
40
Km

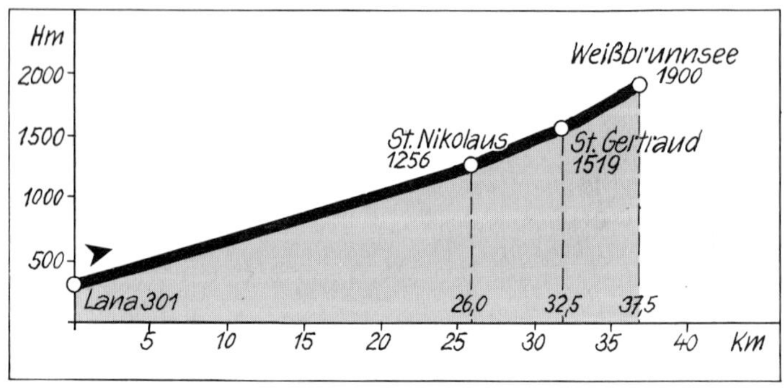

Stausees entlang bis zum See-Ende (km 23,5), wo sich die Straße plötzlich verengt. Dicht drängen sich Bergwiesen und Auwäldchen an das knapp einspurige, mit Ausweichstellen versehene Sträßchen, das nun leicht ansteigend in das hintere Ultental eintritt. An St. Nikolaus (km 26,0) vorbei wechseln entlang des Valschauer Baches kurze 10%ige Anstiege mit längeren flacheren Abschnitten und kurzen Abfahrten ab, bevor die Steigung bis St. Gertraud (km 32,5) über eine kleine Kehrengruppe auf 14% zunimmt. In der obersten Siedlung der Talschaft, zu Füßen des Nagelsteins, scheint dann jeder Weiterweg zu Ende, doch dem Hinweisschild »Weißbrunn« folgend tritt das Sträßchen an den Hängen der nördlichen Talseite in den hier beginnenden Nationalpark Stilfser Joch ein. Wie eine Rampe steigt die Straße bis zu einer engen Kehre hoch über dem Talkessel mit 15% an und geht über eine anschließende Kehrengruppe nur unwesentlich zurück. Weit vorne ist bereits ein Teil der Staumauer des Weißbrunnsees zu erkennen, und nach etwa 2 km kommt auch die Steigung endlich auf gemäßigte 10%. Am höchsten Punkt der Straße folgt einer kurzen Abfahrt ein ebenso kurzer nochmaliger Anstieg, dann liegt unvermittelt der Weißbrunnsee (km 37,5) vor uns. Der Bergzug um die Zufrittspitze wendet uns hier seine nicht sehr stark vergletscherte Südostseite zu, und so hält sich die Aussicht eher in Grenzen. Die Zufriedenheit über die vollbrachte Leistung wird dennoch keine Langeweile aufkommen lassen, und die Brotzeit im Wirtshaus Alpe haben wir uns zweifellos verdient.
Hinweis: Wegen der Tunnels bei der Auffahrt ist Beleuchtung ratsam.

4 Über Gampenjoch und Mendelpaß

Südtirol

Strecke Lana – Gampenjoch – Fondo – Mendelpaß – St. Michael – Unterrain – Lana

Charakter Mittelschwere Radtour mit maximal 11% Steigung im Burggrafenamt

Zeit 3½–4½ Stunden

Länge 77 km

Höhendifferenz 1600 m

Übersetzung 42/23

Ausgangspunkt Lana (301 m), ca. 6 km südlich von Meran

Karte KOMPASS Wanderkarte 1:50 000, Blatt 53

Befahrbarkeit Ganzjährig befahrbar

Streckenbeschreibung Die heutige Kurstadt Meran war noch im Mittelalter die Hauptstadt der Grafschaft Tirol, die zu ihren glanzvollsten Zeiten vom Gardasee bis Kufstein und von Graubünden bis Kärnten reichte. Der Begriff Burggrafenamt umschreibt dabei den ehemaligen Amtsbereich der Burggrafen auf Schloß Tirol, hoch über dem Meraner Talkessel gelegen, der einst die engere Umgebung Merans bis zum Gampenjoch sowie das Ulten- und Passeiertal umfaßte. Die Bezeichnung Burggrafenamt ist auch heute noch geläufig, und eine abwechslungsreiche Radtour mit einem Abstecher in die italienischsprachige Provinz Trient bietet Gelegenheit, diese Landschaft kennenzulernen.

In Lana (km 0,0), das bereits mitten in der charakteristischen Obstwiesenlandschaft des Etschtales liegt, folgt man der Beschilderung »Gampenpaß«. Mit 9% beginnt die Straße an den Hängen der rechten Talseite anzusteigen, und rasch bleiben die dicht gedrängten, roten Ziegeldächer von Lana unten zurück. Mischwald löst bald die letzten Obstbäume ab, und nach einem kurzen Tunnel (km 3,5) erhebt sich neben der Straße die doppeltürmige Leonburg. Mit gleichbleibender Steigung werden zwei weitere Tunnels durchfahren. Unter uns ist der Höhenzug der Tisenser Mittelgebirgsstufe, ein uraltes Siedlungsgebiet zwischen dem Talgrund und dem dahinter aufsteigenden Mendelkamm, zu erkennen. Die ersten Nadelbäume tauchen auf, eine Kurve ermöglicht nochmals einen weiten Blick ins Etschtal, bevor sich die Straße nach Westen in das Prissianer Tal wendet. Beim Gasthof Gfriller Hof (km 11,0) geht die Steigung erstmals spürbar zurück, nimmt aber nach einer Kehre beim Gasthof Bad Gfrill (km 13,0) wieder auf 9% zu. Über den Wäldern der gegenüberliegenden Talseite ragen die Spitzen vom Schlern über Rosengarten bis zum Latemar empor. Nochmals ist ein 100 m langer, unbeleuchteter Tunnel (km 15,5) zu durchfahren, bevor sich die Straße bei

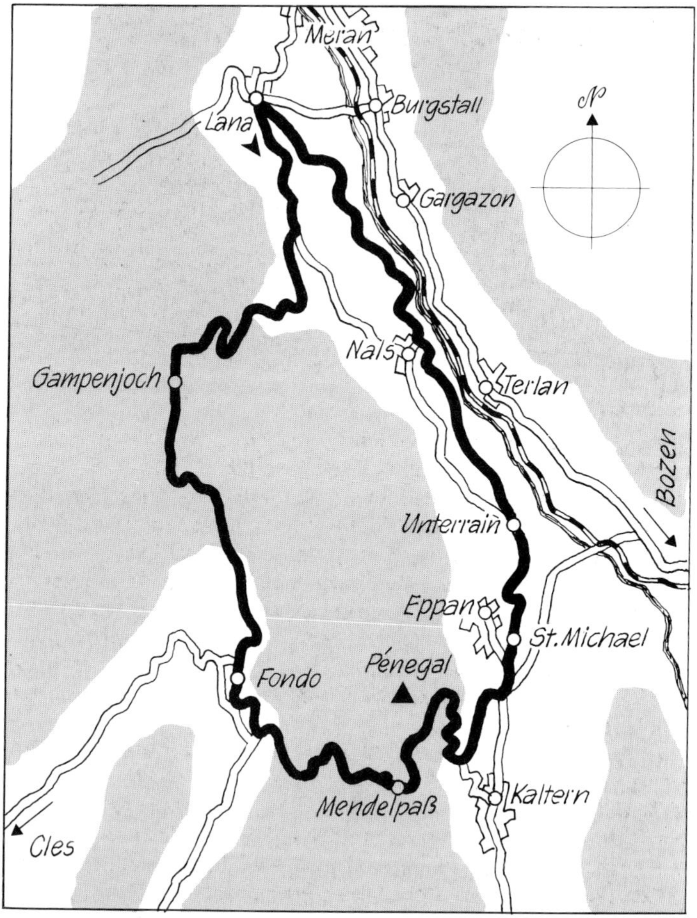

Meran
Burgstall
Lana
N
Gargazon
Nals
Gampenjoch
Terlan
Bozen
Unterrain
Eppan
St. Michael
Pénegal
Fondo
Kaltern
Mendelpaß
Cles

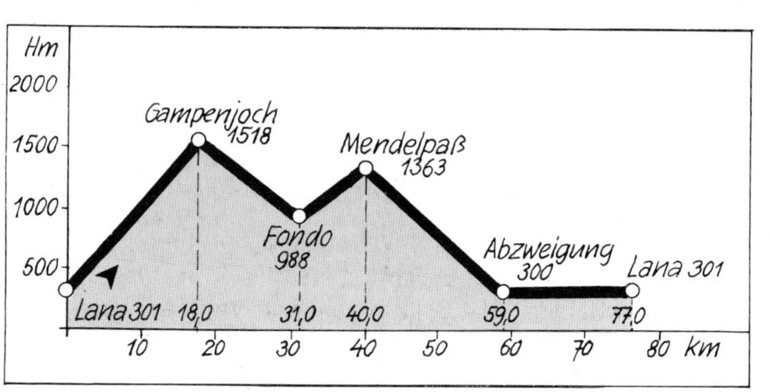
Hm
2000
1500
1000
500
Gampenjoch 1518
Mendelpaß 1363
Fondo 988
Abzweigung 300
Lana 301
Lana 301
18,0
31,0
40,0
59,0
77,0
10
20
30
40
50
60
70
80 km

gleichbleibender Steigung an den Hängen der Laugenspitze zur Paßhöhe (km 18,0) emporzieht. Das Joch selbst, ein bewaldeter Bergeinschnitt, bietet keinerlei Aussicht, diese eröffnet sich erst auf der nachfolgenden Abfahrt mit Gefälle bis 8% in das obere Nonstal. Weit reicht der Blick nach Westen über hügelige Wiesen mit verstreuten Dörfern und bewaldeten Höhenzügen, über denen an schönen Tagen die Spitzen der Brenta- und Presanella-Gruppe zu erkennen sind. Mit Fondo (km 31,0), dem Hauptort des oberen Nonstales, wird bereits eine typisch italienische Siedlung erreicht und der Beschilderung »Pso. Mendola« folgend der Rückweg angetreten. Die 12%ige Steigung, die aus dem Ort heraus an der benachbarten Ortschaft Malosco vorbeiführt, hält nur kurz an, und dem nach Malosco (km 33,5) aufgestellten Schild mit der Angabe 10% muß man keinen Glauben schenken. Der Beschilderung »Bolzano« folgend nimmt die Steigung auf nicht mehr als 8% zu und geht beim Gasthof Waldheim (km 35,5) sogar so weit zurück, daß man getrost das 52er Kettenblatt auflegen kann. Auf der Mendel-Paßhöhe (km 40,0) können Konditionsstarke noch einen Abstecher zum Monte Pénegal unternehmen (siehe Beschreibung Tour 7), bevor die lange Abfahrt ins Etschtal beginnt. Über neun Kehren mit teilweise schlechtem Straßenbelag wird ein langes Band erreicht, tief unten zeigt sich das Überetsch, und nach Überwindung einer weiteren Kehrengruppe lassen Wiesen den Blick auf den Kalterer See zu. An der Abzweigung nach Kaltern vorbei bremst man erst an der nächsten Straßenkreuzung (km 54,0) und folgt der Beschilderung »St. Michael«. Am Ortsende fällt die Straße weiter Richtung Bozen ab, und bei zunehmendem Verkehr darf man die nach Andrian/Unterrain abzweigende Straße (km 59,0) nicht übersehen. An den schrofigen, bewaldeten Hängen der linken Talseite sind eine Reihe von Burgen zu erkennen, deren schönste, das Schloß Hocheppan, sich über Unterrain (km 61,0) erhebt. Auf weiter bretteben im Talboden verlaufender Straße radelt man an der Abzweigung nach Andrian (km 65,0) vorbei Richtung Nals und folgt bald darauf den erstmals auftauchenden Hinweisschildern nach Lana. Zwischen endlosen Apfelbaumkulturen, die vor allem zur Blütenzeit im Frühling einen einzigartigen Anblick bieten, zieht sich das schwarze Teerband der Straße wie eine Schneise nach Nals (km 69,0). Nach dem Ort ändert sich eigentlich nur die Farbe des Straßenbelags, nun ein grauer Asphalt, auf dem man weiterhin völlig eben wieder zum Ausgangspunkt (km 77,0) zurückkehrt.
Hinweis: Wegen der Tunnels bei der Auffahrt zum Gampenjoch ist Beleuchtung ratsam.

5 Über die Tisenser Hochebene

Südtirol

Strecke Lana – Unterrain – Andrian – Nals – Prissian – Tisens – Lana
Charakter Leichte Radtour mit maximal 14% Steigung zwischen Meran und Bozen
Zeit 1 ½–2 ¼ Stunden
Länge 36 km
Höhendifferenz 330 m

Übersetzung 42/26
Ausgangspunkt Lana (301 m), ca. 6 km südlich von Meran
Karte KOMPASS Wanderkarte 1:50 000, Blatt 53
Befahrbarkeit Ganzjährig befahrbar

Streckenbeschreibung Die Tisenser Hochebene ist eine reizvolle Mittelgebirgsstufe, die sich zwischen Lana und Eppan über dem Etschgrund an den Hängen der westlichen Talseite erstreckt. Wie auch das anschließende Überetsch ist es ein uraltes Siedlungsgebiet, in dessen Bereich viele mittelalterliche Burgen liegen, und wem eine Radtour über das Gampenjoch zu weit oder die Südtiroler Weinstraße zu stark befahren ist, dem bietet sich hier eine lohnende Alternative. Die Vorzüge dieser Strecke wurden auch von den einheimischen Radlern erkannt, so daß es an schönen Tagen durchaus vorkommen kann, daß man vor allem im unteren Teil durch die Weinberge des Etschtales mehr Radfahrer als Autofahrer trifft. Die Rückfahrt über das Gampenjoch ist dagegen nicht so beliebt, was nicht so sehr am zunehmenden Verkehr liegt, der sich auch hier in Grenzen hält, als vielmehr an einer längeren 14%igen Steigung zwischen Nals und Prissian, die neben einem 26er Ritzel noch einen gehörigen Kraftaufwand erfordert.
Um aus Lana (km 0,0) heraus auch die richtige Abzweigung zu finden, hält man sich an der Kirche in Ortsmitte nicht an die Beschilderung »Bozen«, sondern folgt dem etwas versteckt angebrachten Schild »Weinstraße«, das in südlicher Richtung, vorbei an der alten Pfarrkirche von Niederlana, direkt in die anschließenden Apfelbaumplantagen leitet. Ein Waal, wie die kleinen Bewässerungsbäche hier genannt werden, wird überquert, und an der nächsten Abzweigung (km 2,0), unmittelbar unter einer riesigen Zypresse, hält man sich an die Beschilderung »Nals«. Um sich in dem Labyrinth der immer wieder abzweigenden Straßen nicht zu verfahren, folgt man auch an der nächsten Straßenkreuzung (km 6,5) nochmals dem Hinweisschild nach »Nals« und orientiert sich an der unmittelbar darauffolgenden dritten Kreuzung (km 7,0) für den weiteren Streckenverlauf an der Beschilderung »Andrian/Eppan«. Die brettebene Straße bietet

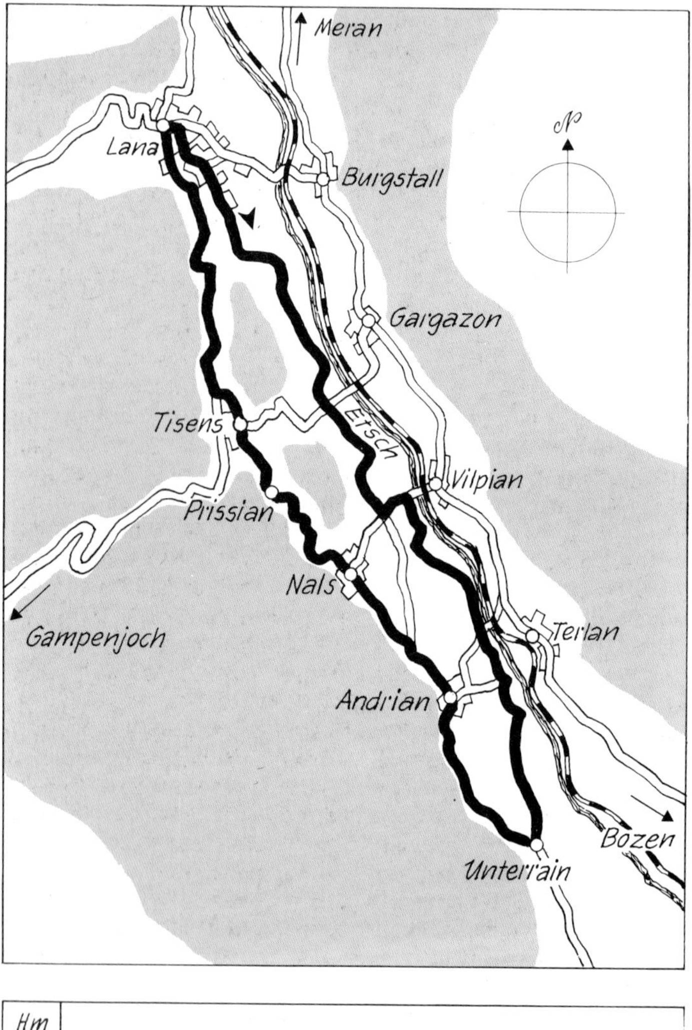

Meran
Lana
Burgstall
N
Gargazon
Etsch
Tisens
Vilpian
Prissian
Nals
Gampenjoch
Terlan
Andrian
Bozen
Unterrain

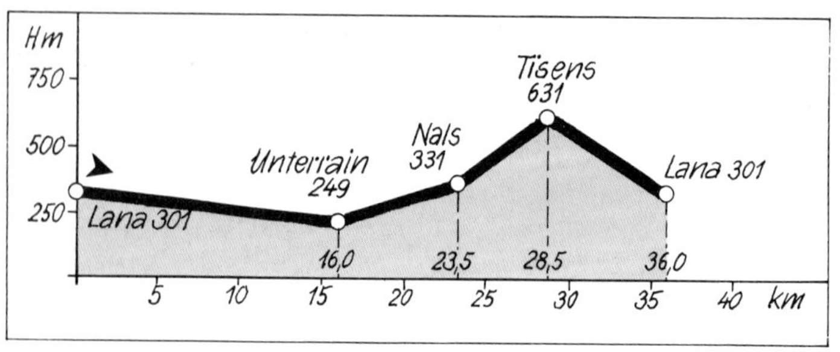
Hm
750
500
250
Tisens
631
Nals
331
Unterrain
249
Lana 301
Lana 301
16,0
23,5
28,5
36,0
5
10
15
20
25
30
35
40
km

keine Schwierigkeiten, und so kann man sich voll auf das Auffinden der richtigen Strecke konzentrieren. Während der Baumblüte, zwischen Ende April und Anfang Mai, bieten die weitläufigen Apfelbaumkulturen einen wunderschönen Anblick. Vor uns wird die Burgruine von Schloß Hocheppan sichtbar, und an der Abzweigung nach Andrian vorbei (km 13,0) radelt man noch etwas weiter Richtung Bozen. In Unterrain (km 16,0) beginnt man bereits den Rückweg, indem man der in den Ort abzweigenden Straße folgt. Unter den gestrüppüberwucherten Berghängen des Gantkofels radelt man auf der linken Seite des Etschbeckens auf schlechter werdender Straße entlang, die anfangs noch eben leicht nach Andrian (km 19,0) anzusteigen beginnt. Weit im Osten zeigt sich kurz der Rosengarten mit den sich deutlich abzeichnenden, gezackten Spitzen der drei Vajolettürme. Die Straße wird wieder besser, und das alte Weindorf Nals (km 23,5), ein Mittelpunkt des Südtiroler Obstbaues, wird entlang der üppigen Vegetation der linken Talseite unschwierig erreicht. Wuchtig erhebt sich über dem Ort Schloß Payersberg, in der Ortsmitte beim Gasthof Sonne hält man sich links und folgt der unmittelbar darauf nach Prissian/Tisens abzweigenden Straße. Die noch im Ort ansetzende 14%ige Steigung, die über sechs Kehren durch einen Rebenhang zur Wehrburg hinaufführt, wird auf eine Länge von fast 2 km beibehalten und geht erst kurz vor Prissian (km 27,0) zurück. Über eine alte, überdachte Holzbrücke radelt man durch den verwinkelten Ortskern in die eigentliche Tisenser Hochebene ein. Zwischen Obstwiesen, Kastanienhainen und Fichtenwäldern hält sich die Straße auf dem schmalen, leicht gewellten Hochplateau und steigt bis Tisens (km 28,5) nur noch mäßig an. Die aus dem Ort heraus weiter leicht aufwärtsführende Straße mündet bald darauf in die zum Gampenjoch hinaufziehende Straße (km 30,5), die von uns allerdings für eine bequeme Abfahrt zurück nach Lana benutzt werden kann. Zwei kurze, unbeleuchtete Tunnels werden durchfahren, tief unten breitet sich wieder das Etschbecken aus, und wer noch etwas Burghofatmosphäre erleben will, sollte an der Leonburg abbremsen. Die mittelalterlich gebliebene Anlage mit ihrem verwinkelten Palas und den gotisch getäfelten Stuben bietet neben einer weiten Aussicht auch eine kleine Weinschänke, doch erscheint es ratsamer, dem Rebensaft erst in Lana (km 36,0) zuzusprechen, um die weitere Abfahrt nicht allzu beschwingt anzutreten.

6 Die Südtiroler Weinstraße

Südtirol

Strecke Bozen – Eppan – Kaltern – Tramin – Kurtatsch – Breitbach – Margreid – Kurting – Salurn

Charakter Leichte Radtour mit maximal 10% Steigung im Überetsch

Zeit 1 ¼–2 Stunden

Länge 35,5 km

Höhendifferenz 280 m

Übersetzung 42/21

Ausgangspunkt Bozen (262 m)

Karten KOMPASS Wanderkarte 1:50 000, Blatt 54 und 74

Befahrbarkeit Ganzjährig befahrbar

Streckenbeschreibung Noch um die Jahrhundertwende war das Bozener Unterland, wie das Etschtal von Bozen bis zur Salurner Klause genannt wird, eine unwegsame, ständig von Hochwassern bedrohte Sumpflandschaft. Erst eine Flußregulierung Ende des 19. Jahrhunderts machte dieses Gebiet für den Menschen bewohnbar, und langsam entwickelte sich aus der versumpften Talschaft ein fruchtbarer Landstrich. Demgegenüber war das Überetsch, die Hügellandschaft der westlichen Talseite zu Füßen des Mendelkamms, schon immer bevorzugt. Von den Hochwassern verschont, waren diese Bergflanken schon lange vor den Römern bewohnt, und die ältesten Anzeichen menschlicher Siedlungen reichen sogar fast 5000 Jahre zurück. Nachgewiesen ist auch, daß der Wein, durch den dieses Gebiet seine Berühmtheit erlangt hat, bereits im Mittelalter für erheblichen Wohlstand der Anwohner sorgte und schon von römischen Schriftstellern gerühmt wurde. Verkehrsmäßig wurde das Überetsch durch die Südtiroler Weinstraße erschlossen, die sich von Bozen bis Salurn mitten durch ein Meer von Rebenhängen und Apfelbäumen zieht, aus denen Dörfer, Gehöfte und Ansitze sich wie Inseln erheben. Die schönste Zeit hier ist sicherlich der April, wenn die Apfelbäume ihre volle Blütenpracht entfalten, aber auch der klare Herbst, wenn die Männer mit den traditionell blauen Schürzen während der Weinlese mit ihren landwirtschaftlichen Gefährten das Straßenbild prägen.

In Bozen (km 0,0), Landeshauptstadt und wirtschaftlicher Mittelpunkt Südtirols, hält man sich an die Beschilderung »Meran« oder folgt den gelben Hinweisschildern mit der Aufschrift »Weinstraße/Strada del Vino«. Durch eine Pappelallee verläßt man die Stadt und radelt am Ortsende dem nach Kaltern abzweigenden Wegweiser nach. Die Etsch wird überquert, links erhebt sich auf einer kleinen Anhöhe die verfallene Festungsanlage der Burg Sigmundskron, und langsam

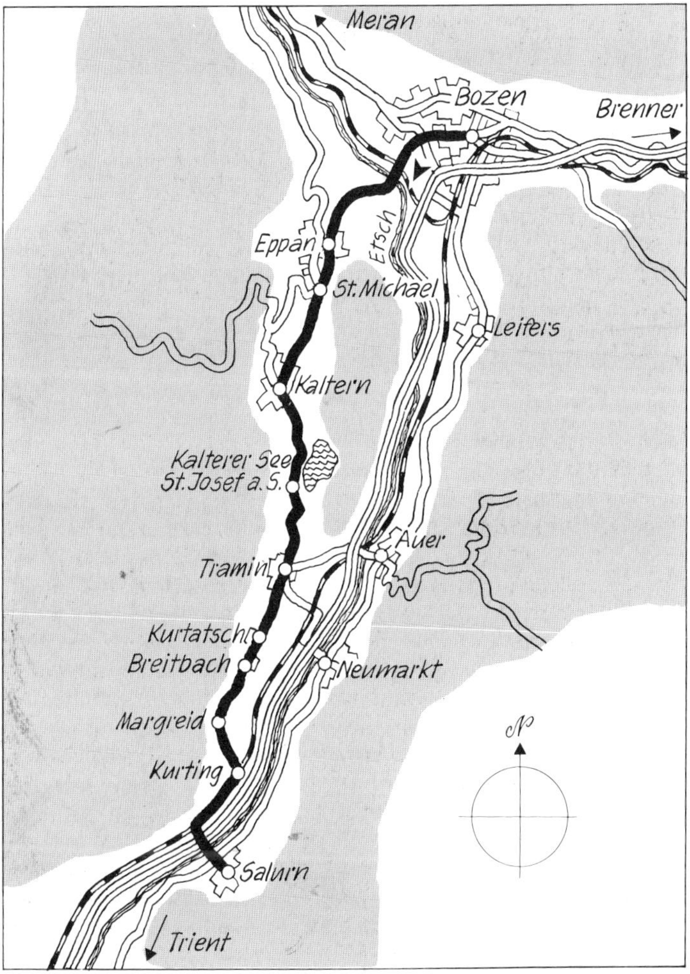

Meran
Bozen
Brenner
Eppan
Etsch
St. Michael
Leifers
Kaltern
Kalterer See
St. Josef a. S.
Auer
Tramin
Kurtatsch
Breitbach
Neumarkt
Margreid
N
Kurting
Salurn
Trient

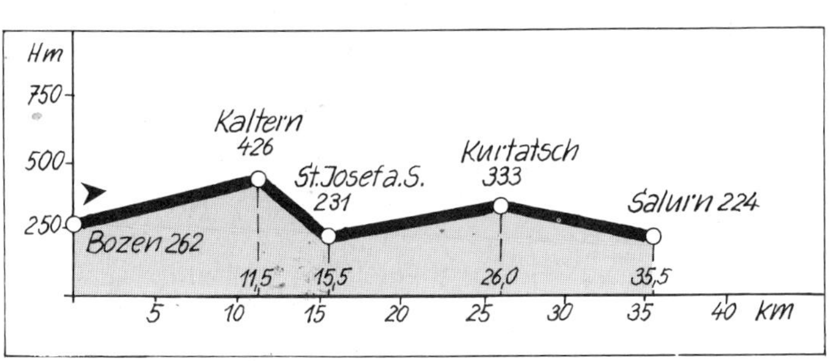

beginnt die Straße auf etwa 5% anzusteigen. Auf den langgezogenen Mendelkamm, mit der etwas vorspringenden Felsnase des Gantkofels zu, wird die weit verstreute Großgemeinde Eppan erreicht, in deren Ortsmitte (km 7,0) die Steilheit abnimmt. Bis Kaltern-Dorf (km 11,5) wechseln leichte Anstiege und Abfahrten ab, und langsam eröffnet sich der Blick auf die riesigen Weinbergflächen des Überetsch, aus denen die glatte, blaue Fläche des Kalterer Sees herausleuchtet. Während über dem östlichen Seeufer die Turmruine der Leuchtenburg auf der letzten Erhebung des Mitterberges, der das Überetsch zum Etschtal hin abschirmt, aufragt, fällt die Straße mit Gefälle bis 8% nach St. Josef am See (km 15,5) am westlichen Seeufer ab. Am südlichen Ende des wärmsten Badesees der Alpen folgt man der nach Tramin abzweigenden Straße und erreicht den kunsthistorisch bedeutsamsten Ort des Bozener Unterlandes (km 22,0) auf anfangs kurz auf 10%, dann auf 6% zurückgehender Steigung. Nach mehr als der Hälfte des Weges bietet sich der weiträumige, schattige Dorfplatz neben der Pfarrkirche als idealer Rastplatz an, wobei man keinesfalls eine Kostprobe des vorzüglichen Gewürztraminers versäumen sollte, zumal die Straße am Ortsende wieder auf 8% anzusteigen beginnt. Bis Kurtatsch (km 26,0), auf einer Hangterrasse gelegen, hält die Steigung an, bevor man mit Gefälle bis 10% bis Breitbach (km 27,0) fast in den Talboden der Etsch abfährt. In Margreid (km 28,5), dessen Häuser dichtgedrängt auf einem kleinen Schuttkegel, den der Fennerbach von den Hängen des Mendelkamms gespült hat, stehen, wendet sich die Straße zur Talmitte. Mit Kurting (km 30,0) wird das letzte Dorf der westlichen Etschseite durchradelt, bretteben führt die Straße ein Stück an der Autobahn entlang, beim Bahnhof Salurn wird die Etsch überquert, und in Salurn (km 35,5) ist nicht nur die Tour über die Südtiroler Weinstraße zu Ende, sondern auch die Grenze Südtirols erreicht. Wer vom Wein zu schwere Beine hat und die Anstiege auf der Rückfahrt nicht mehr bewältigen will, kann über die Staatsstraße 12, die sich am östlichen Etschufer bis Leifers (km 60,0) fast eben im Talboden hält, nach Bozen (km 67,0) zurückradeln.
Hinweis: Die Südtiroler Weinstraße ist, vor allem im Raum Bozen, sehr stark befahren. Es empfiehlt sich deshalb, die Tour besser erst in Kaltern zu beginnen.

7 Auf den Monte Pénegal

Südtirol

Strecke Bozen – St. Michael – Mendelpaß – Monte Pénegal

Charakter Mittelschwere Radtour mit maximal 18% Steigung auf den Aussichtsberg Bozens

Zeit 2–2 ½ Stunden

Länge 26,5 km

Höhendifferenz 1480 m

Übersetzung 42/ 26

Ausgangspunkt Bozen (262 m)

Karte KOMPASS Wanderkarte 1:50 000, Blatt 53

Befahrbarkeit Ganzjährig befahrbar

Streckenbeschreibung Der Mendelkamm ist ein langgestreckter Bergzug, der sich zwischen Bozen und Mezzocorona über dem westlichen Etschtal erhebt. Von der Autobahn bleibt er dem Betrachter durch den vorgeschobenen Bergzug des Mitterberges weitgehend verborgen und zeigt sich erst etwa ab der Höhe von Auer mit seinen südlichen Ausläufern. Mit dem Mendelpaß, der das Bozener Talbecken mit dem oberen Nonstal verbindet, besitzt dieser Bergkamm nur einen einzigen Übergang, von dem zusätzlich eine kleine Stichstraße zum Monte Pénegal emporführt und somit einen der schönsten Aussichtspunkte Südtirols eröffnet. Selbstverständlich ist eine Auffahrt zum Monte Pénegal immer lohnend, am schönsten erscheint mir jedoch die Zeit im Spätherbst, wenn sich das Laub an den Hängen des Mendelkamms bereits rötlich und golden färbt und man die langsam zu Ende gehende Radsaison nochmals mit einem landschaftlichen Höhepunkt abschließen kann.
Bozen (km 0,0), die geschäftige Hauptstadt Südtirols, wird der Beschilderung »Mendelpaß/Weinstraße« folgend durch eine Allee von hochstämmigen Pappeln in westlicher Richtung verlassen. Die Etsch wird überquert (km 1,5), links erhebt sich auf dem nördlichsten Felsen des Mitterberges die großangelegte Festung von Sigmundskron. An der Gemeindegrenze von Eppan (km 2,0), einem Sammelnamen für zahlreiche weitverstreute Dörfer, beginnt die Straße leicht in das Überetsch anzusteigen. Vor uns ist deutlich der felsige Aufbau des Gantkofels, der nördlichsten und höchsten Erhebung des Mendelkamms, zu erkennen, und unter der Burgruine von St. Pauls nimmt die Steigung auf 5% zu. An der nächsten Abzweigung (km 5,5) biegt man, trotz des geradeaus weisenden Hinweisschildes »Mendelpaß«, rechts Richtung Eppan ab und kann so endlich die vielbefahrene Hauptverkehrsstraße hinter sich lassen. Die schmale Ortsdurchfahrung von St. Michael wird auf der mit 6% ansteigenden Straße

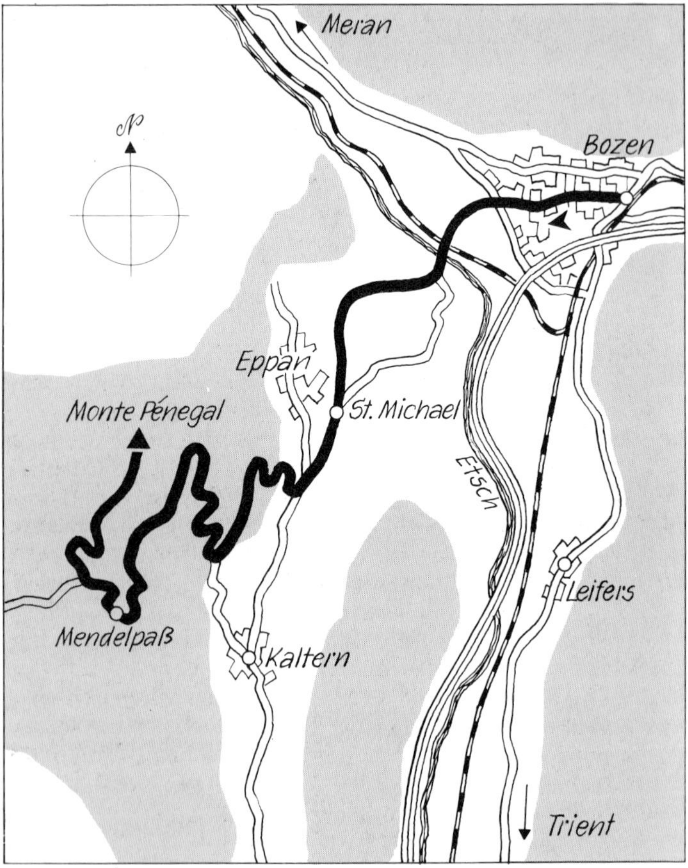

Meran
Bozen
N
Eppan
St. Michael
Monte Pénegal
Etsch
Leifers
Mendelpaß
Kaltern
Trient

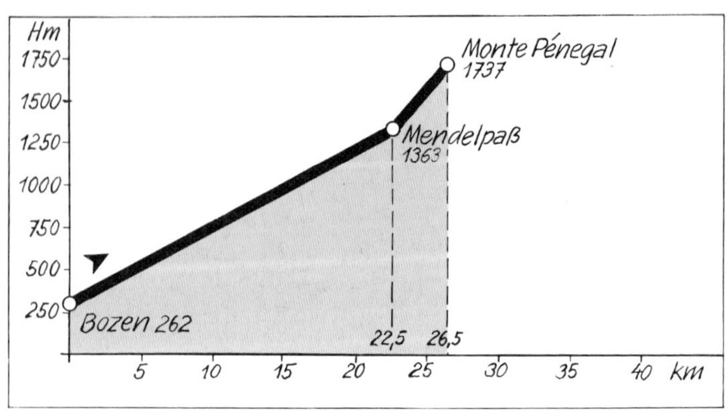

durchradelt, am Ortsende nimmt die Steigung auf 9% zu. Ein Schild mit der Höhenangabe 500 m (km 9,5) zeigt den bewältigten Höhenunterschied an. An der Abzweigung nach Kaltern (km 11,5) vorbei eröffnet sich tief unten kurz das berühmte Überetscher Panorama: die weit an einem Hang verstreuten Häuser von Kaltern, mit alten Ansitzen und Kirchen zwischen Weinbergen, mit der glatten Fläche des Kalterer Sees, über dessen östlichem Ufer die Ruinen der Leuchtenburg aufragen. Gleich darauf nimmt uns dichter, mit Eichen und Kastanien durchsetzter Laubwald auf, und auch die erste Kehre, mit recht holprigem Straßenbelag, erwartet uns. Mit gleichbleibenden 10% radelt man über sechs Kehren nach oben. Ein weiteres Schild mit der Höhenangabe 1000 m (km 16,5) informiert wieder über die bewältigte Höhe, und kurz danach wird der Beginn eines langen Bandes, wo die Straße unmittelbar in den Fels gesprengt werden mußte, erreicht. Bei nicht wesentlich nachlassender Steigung geht zumindest der Wald auf der linken Straßenseite zurück und gibt so wieder den Blick auf die Weinberge des Überetsch frei. Das Ende des Bandes deutet ein Schild mit der Aufschrift »9 Kehren« (km 19,5) an, die uns nun wieder durch dichten Wald, in enger Folge mit Steigungen bis 10% zur Paßhöhe (km 22,5) führen. Der schwerste Teil der Auffahrt steht allerdings noch bevor, wenn man wenige hundert m unterhalb der Paßhöhe dem schmalen, mit Schlaglöchern übersäten, aber durchgehend asphaltierten Sträßchen zum Monte Pénegal folgt. Kehrenreich beginnt die Straße sofort mit 12% anzusteigen. Dichter Wald versperrt jegliche Aussicht, und nach etwa 1,5 km nimmt die Steilheit auf einer Länge von 300 m auf 18% zu. Die kurz auf 10% zurückgehende Steigung läßt etwas Gelegenheit zum Verschnaufen, bevor die Trasse nochmals über fast 500 m auf 18% ansteigt. Bis zum Hotel Facchin (km 26,5) werden Auffahrten bis 12% von längeren flacheren Abschnitten abgelöst, und auch der lichter werdende Wald gibt langsam den Blick nach Westen frei. Eine weit umfassende Aussicht ermöglicht ein kleiner Holzturm, der ein Rundpanorama bietet, das von der Ortler-, Presanella- und Brenta-Gruppe im Westen über die Sarntaler, Ötztaler und Zillertaler Alpen im Norden und die Dolomiten im Osten reicht.
Hinweis: Die Straße ist im Bereich Bozen sehr stark befahren. Es empfiehlt sich deshalb, die Tour nach Möglichkeit erst ab St. Michael zu beginnen.

8 Zu den Rittener Erdpyramiden

Südtirol

Strecke Bozen – Klobenstein – Lengmoos – Klobenstein – Oberinn – Bozen
Charakter Leichte Radtour mit maximal 12% Steigung zwischen Eisack und Talfer
Zeit 2½–3½ Stunden
Länge 41,5 km
Höhendifferenz 1050 m
Übersetzung 42/26
Ausgangspunkt Bozen (262 m)
Karte KOMPASS Wanderkarte 1:50000, Blatt 54
Befahrbarkeit Ganzjährig befahrbar

Streckenbeschreibung Der Ritten ist ein ausgedehntes Hochplateau, unmittelbar vor der Haustüre von Bozen gelegen, mit sanft gewellten, von zahllosen Wanderwegen durchzogenen Wiesen, über die sich schattige Lärchengruppen verteilen. Neben seiner höchsten Erhebung, dem 2260 m hohen Rittner Horn, dessen bequeme Ersteigung ein großartiges Dolomitenpanorama ermöglicht, besitzt der Ritten noch eine weitere landschaftliche Besonderheit: die Erdpyramiden. Das sind riesige Säulen aus Moränenschutt, beschwert von einem großen Felsbrocken, die wie spitze Nadeln aus dem Boden ragen und so einen verblüffenden, ungewohnten Anblick bieten.
Wenn man dem nervenden Verkehrsgewühl Bozens (km 0,0), der Durchgangsstraße zum Brenner folgend, endlich entronnen ist, biegt man kurz nach dem Stadtrand, beim Restaurant Rentschner Hof, in die nach links abzweigende Straße nach Ritten ab. Mit 9% führt die gut ausgebaute Trasse an den Hängen der nördlichen Talseite nach oben. Vor uns ist der Straßenverlauf an den Kehrenabstützungen, deren rote Steinquader sich deutlich aus den Weinbergstöcken abheben, gut zu verfolgen. Auf den ersten 4 km hält die Steigung fast unvermindert an, tief unten wird das schmale Eisacktal, das hier gerade soviel Platz läßt, daß sich Bundesstraße, Auto- und Eisenbahn an der Eisack vorbeizwängen können, sichtbar. Auf teilweise bis 6% zurückgehend wird Unterplatten (km 5,5) durchfahren. Eine Kehrengruppe mit Steigungen zwischen 6 und 8% bringt dann rasch höher. Die Weinberge werden von einer kurzen Gestrüppzone abgelöst, und bei wieder auf 8 bis 9% zunehmender Steigung wird mit Unterinn (km 10,0) die erste größere Ortschaft erreicht. Zwischen freundlichen grünen Wiesen steigt die Straße gleichbleibend an. Immer prächtiger weitet sich die Aussicht auf die Spitzen von Rosengarten, Schlern und Langkofel, die sich über dem Wald- und Wiesengürtel der gegenüberliegenden Talseite erheben. An der Ab-

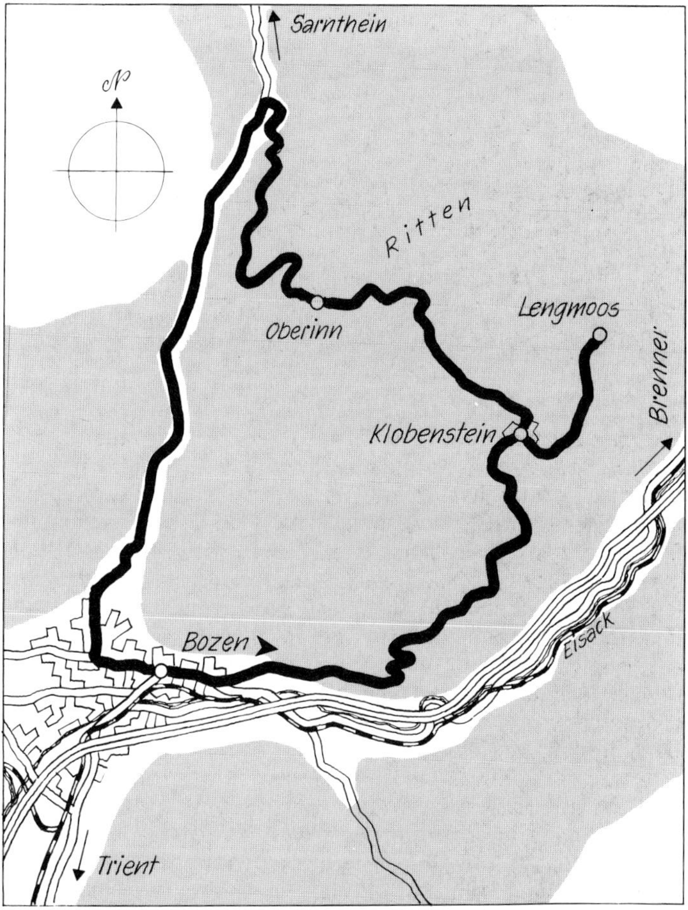

Sarnthein
N
Ritten
Oberinn
Lengmoos
Brenner
Klobenstein
Bozen
Eisack
Trient

Hm
1500
1250
1000
750
500
250
Lengmoos 1164
Oberinn 1300
Bozen 262
Bozen 262
17,5
25,5
41,5
5
10
15
20
25
30
35
40
45 km

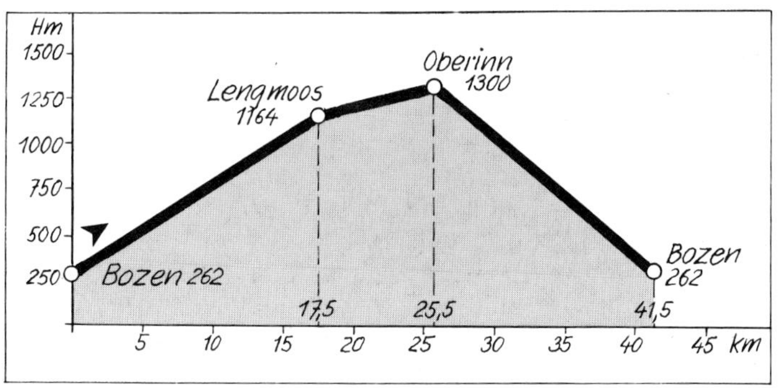

zweigung nach Wolfsgruben (km 14,5) vorbei geht die Steigung zurück, und eben radelt man bis Klobenstein (km 15,5). Durch den Ort fällt die Straße bis Lengmoos ab, und unmittelbar am Ende der kleinen Ortschaft (km 17,5), bevor die Straße wieder aufwärts führt, weist ein kleines Hinweisschild die Richtung zu den Erdpyramiden. Um direkt zu diesen zu gelangen, müßte man einen etwa 10minütigen Fußmarsch über einen schmalen Kiesweg in Kauf nehmen, aber auch von der Straße aus ist das bizarre Gewirr der aus dem Finsterbachgraben bis zu 30 m hoch aufragenden Säulen gut zu erkennen. Durch den Felsblock wurde das darunterliegende Material geschützt, während alles andere der Erosion zum Opfer fiel. Mit den Erdpyramiden blieb auch ein Beweisstück erhalten, daß der Ritten zur Eiszeit von Gletschern bedeckt war. Zurück in Klobenstein folgt man kurz vor dem Ortsausgang (km 20,0) der Beschilderung »Oberinn/Wangen« und radelt in die eigentliche Hochfläche des Ritten ein. Kaum störend wirkt das schmale Sträßchen, das sich ständig ansteigend und abfallend, wobei kurze Steigungen bis 12% erreicht werden, durch die hügelige Wald- und Wiesenlandschaft bis Oberinn (km 25,5) entlangzieht. Durch den Ort steigt die Straße nochmals bis zu einer kleinen Anhöhe (km 26,5), die gleichzeitig das Ende der Anstiege bedeutet, an, während tief unten kurz die Dächer von Bozen zu erkennen sind. Mit Gefälle bis 16% und engen Kehren bringt uns die weiterhin schmale Straße an Wangen vorbei ins Sarntal (km 31,5). Beim Gasthof Halbweg (km 33,5) – hier wurden früher die Pferde der Postkutschenverbindung zwischen Bozen und Sarnthein gewechselt – radelt man in die von ungeheuren Felsstürzen geformte Sarner Schlucht ein. Dicht drängen sich die glatt und senkrecht abfallenden Felswände des braunroten Eruptivgesteins der Bozener Porphyrplatte, der größten Lavagesteinsmasse des europäischen Festlands, zusammen. 18 Tunnels zwischen 20 und 650 m Länge waren notwendig, um eine Straße über die westliche Talseite führen zu können. So grandios die Szenerie auch erscheint, Beleuchtung ist hier unumgänglich, denn kein einziger dieser Felsdurchbrüche besitzt elektrisches Licht. Nach dem letzten Tunnel ist der Talboden erreicht, uneinnehmbar auf einem Felssporn thronend erhebt sich Schloß Runkelstein über dem Bachbett der Talfer, und gleich darauf nimmt uns wieder das turbulente Bozen (km 41,5) auf.
Hinweis: Bei der Abfahrt durch das Sarntal ist wegen der unbeleuchteten Tunnels Beleuchtung – Vorder- und Rücklicht – unbedingt erforderlich.

9 Die Südtirol-Durchquerung, 1. Abschnitt

Südtirol

Strecke Reschen – Mals – Schluderns – Schlanders – Naturns – Rabland – Töll – Marling – Tscherms – Lana

Charakter Leichte Radtour mit maximal 10% Steigung durch den Vinschgau

Zeit 2 ¾–3 ¼ Stunden

Länge 88 km

Höhendifferenz 50 m

Übersetzung 42/23

Ausgangspunkt Reschen (1525 m)

Karten KOMPASS Wanderkarte 1:50 000, Blatt 52 und 53

Befahrbarkeit Ganzjährig befahrbar

Streckenbeschreibung Eine vollständige Durchquerung Südtirols und, selbstverständlich, der anschließenden Dolomiten, die ja eigentlich nur zu einem Fünftel auf Südtiroler Gebiet liegen, bietet eigentlich alles, was man sich als Radler wünschen kann: Kurven und Kehren, die durch felsige Schluchten, waldreiche Täler, vorbei an Almmatten, Bergseen und bizarren Dolomitengipfeln durch eine der schönsten Gegenden des gesamten Alpenraums führen. Die Schönheiten dieser Landschaft bringen allerdings auch einen sehr regen Besucherstrom mit sich, der vor allem zu Hauptreisezeiten, also etwa Mitte Juli bis Ende August, zumindest im zentralen Teil der Dolomiten schon fast katastrophale Ausmaße annimmt. Deshalb sollte man die Tour am besten im Frühjahr, wenn im Bereich der Pässe noch der letzte Schnee liegt, oder im Herbst, wenn die Sonne nur noch tagsüber ihre wärmende Kraft entfaltet, unternehmen. Die Unterteilung in fünf Abschnitte läßt durchaus auch einmal Zeit für einen Ruhetag, und der erste und letzte Abschnitt sind so gewählt, daß An- und Abreise noch auf diese Tage gelegt werden können. Unvorbereitet sollte man sich dennoch keinesfalls an diese Fahrt heranwagen. Zwar überschreiten die jeweiligen Tagesetappen die 100-km-Grenze nicht oder nur in geringem Umfang, erfordern dafür aber durch einen meist nicht unbeträchtlichen Höhenunterschied eine gute Kondition.
Für den ersten Abschnitt, vom Reschenpaß durch den breiten Vinschgau ins Meraner Becken bis Lana, trifft dies jedoch noch nicht zu, denn der Höhenunterschied von etwa 1200 m liegt diesmal gänzlich auf der Abfahrt vor uns. Von Reschen (km 0,0), der ersten Ortschaft nach der österreichisch/italienischen Staatsgrenze, radelt man auf ebener Straße am östlichen Ufer des gleichnamigen Stausees entlang. Vorbei am Kirchturm von Graun (km 10,0), der weithin

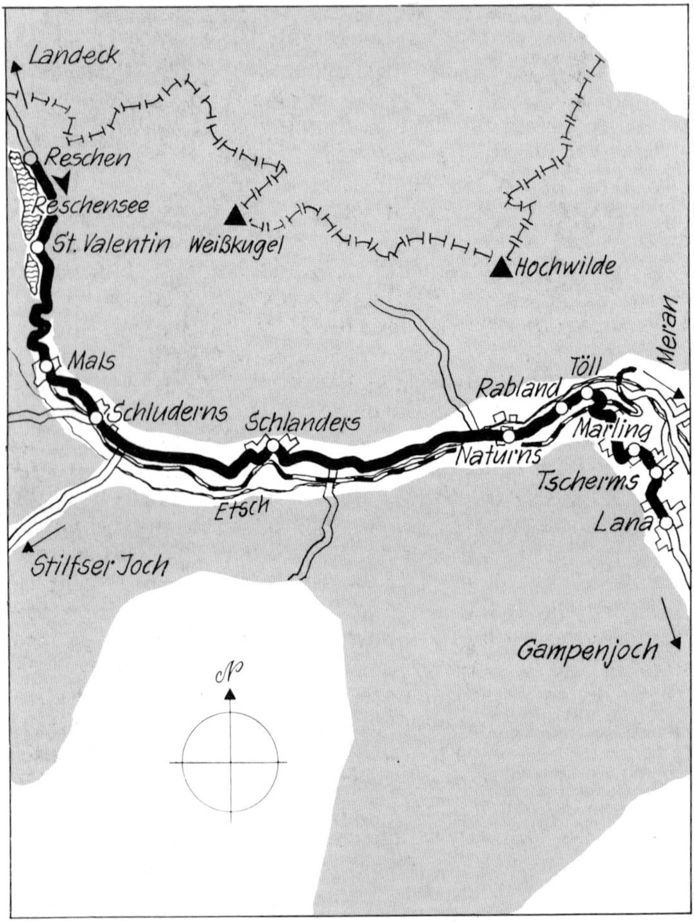

Landeck
Reschen
Reschensee
St. Valentin
Weißkugel
Hochwilde
Meran
Mals
Töll
Rabland
Schluderns
Schlanders
Naturns
Marling
Tscherms
Lana
Etsch
Stilfser Joch
Gampenjoch
N

Hm
2000
1500
1000
500
Reschen 1525
St. Valentin 1470
Mals 1051
Töll 500
Abzw. 310
Marling 363
Lana 301
14,0
27,0
76,5
84,0
10 20 30 40 50 60 70 80 90 km
80,5
88,0

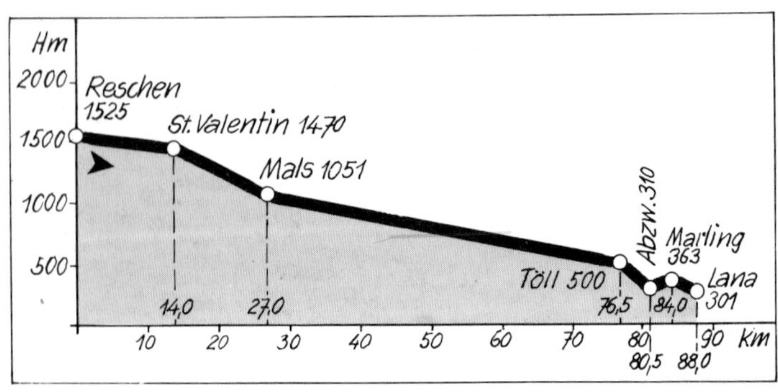

sichtbar aus den Wellen ragt, durchfährt man einen kurzen unbeleuchteten Tunnel. Eindrucksvoll erhebt sich im Vordergrund die ewig schneebedeckte Gipfelreihe von Ortler, Zebrú, Königsspitze und Cevedale. Eben rollt es weiter am See entlang bis St. Valentin (km 14,0), wo eine Staumauer das Ende des Reschensees andeutet. Der anschließende kleine Haidersee begleitet uns nun ein kurzes Stück, bevor an dessen Ende (km 19,5) die Straße mit 7% Gefälle in weiten Schleifen über den riesigen Murkegel der Malser Haide bis Mals (km 27,0) abfällt. Kurz steigt die Straße leicht aus der ausgedehnten Ortschaft heraus, um dann bis Schluderns (km 31,0) wieder abzufallen. Die leichte Auffahrt bis Spondinig (km 36,0), die zudem von ebensolchen Abfahrten abgelöst werden, können genauso mit dem 52er Kettenblatt bewältigt werden wie die nachfolgenden mäßigen Steigungsstrecken, bevor es kurz vor Kortsch (km 47,5) wieder etwas stärker abwärts geht. Jegliche Gebirgsidylle fehlt dem Tal, durch welches man zwischen Ortschaften und ausgedehnten Obstkulturen auf allerdings größtenteils sehr schlechter und holpriger Straße bis Schlanders (km 50,5) mit Gefälle bis 5% abwärts rollt. Eben hält man sich dann wieder in einer Talstufe, obwohl man eigentlich die über Goldrain und Latsch führende Straße benutzen müßte, denn der 150 m lange und unbeleuchtete Tunnel (km 54,5), der sich hier in den Weg stellt, ist für Radfahrer verboten. Am Gasthof Latsch (km 58,5) verengt sich das Tal kurz, leicht abfahrend passiert man Kastelbell (km 61,0) mit der gleichnamigen Burg direkt neben der Straße, die sich nun wieder durch mehrere Ortschaften weiter eben an der sonnenverbrannten Nordseite des Tales hält. In Töll (km 76,5) überquert man die Etsch, und der weite Talkessel des Meraner Beckens öffnet sich vor uns, in den man über die rechte Talseite mit stärkerem Gefälle hinabfährt. Um nicht direkt vom Verkehrsgewühl Merans aufgesogen zu werden, folgt man vorher der Abzweigung nach Marling/Tscherms (km 80,5). Etwa 500 m führt die Straße mit 10% nach oben, hält sich dann bis Marling (km 84,0) auf einer kleinen Stufe über dem Etschtal, um bis Tscherms (km 86,0) wieder abzufallen. In Lana (km 88,0) hat man dann sicherlich noch genügend Zeit zur Quartiersuche und kann vielleicht sogar noch einen kurzen Abstecher in die Obst- und Weingärten (siehe Beschreibung Tour 5) unternehmen, bevor man frisch und ausgeruht am nächsten Tag die zweite Etappe beginnt.

10 Die Südtirol-Durchquerung, 2. Abschnitt

Südtirol

Strecke Lana – Gampenjoch – Fondo – Mendelpaß – Kaltern – Auer – Cavalese – Lavazèjoch – Birchabruck

Charakter Schwere Radtour mit maximal 15% Steigung über den Mendelkamm in die Eggentaler Berge

Zeit 5 ½–7 Stunden

Länge 113 km

Höhendifferenz 3160 m

Übersetzung 42/26

Ausgangspunkt Lana (301 m), ca. 6 km südlich von Meran

Karten KOMPASS Wanderkarte 1:50 000, Blatt 53 und 74

Befahrbarkeit Ganzjährig befahrbar

Streckenbeschreibung Nach dem eher herben Vinschgau, der wohl noch am wenigsten dem gängigen Bild Südtirols entspricht, führt uns bereits der zweite Tag an den Rand der Dolomiten, genauer gesagt in die Eggentaler Berge, eine mittelgebirgige, von ausgedehnten Wäldern und Almen geprägte Landschaft, die mit Aussicht auf die Felswände von Rosengarten und Latemar bereits Einblick in die Welt der »Bleichen Berge« gibt.

Allerdings ist es noch ein langer Weg bis dorthin, wenn man Lana (km 0,0), der Beschilderung »Gampenpaß« folgend, verläßt. Mit 9% steigt die Straße an den steilen Hängen der rechten Talseite an und – dies sei hier bereits vorweggenommen – behält diese Steigung bis zur Paßhöhe auch fast durchgehend bei. Schon hoch über dem Etschtal wird der erste kurze Tunnel (km 3,5) durchfahren, neben der Straße ragen die Türme der Leonburg empor, zwei weitere, kurze Tunnels stellen keine große Gefahr dar, und bei gleichbleibender Steigung wendet sich die Straße in das von Westen herabziehende Prissianer Tal. Erst beim Gasthof Gfriller Hof (km 11,0) geht die Steigung merklich zurück, um nach einer Kehre beim Gasthof Bad Gfrill (km 13,0) wieder auf 9% anzusteigen. Zögernd tauchen über den Wäldern der gegenüberliegenden Talseite die ersten Dolomitenspitzen auf, nochmals muß ein 100 m langer, unbeleuchteter Tunnel (km 15,5) durchradelt werden, bevor die Paßhöhe (km 18,0) bei gleichbleibender Steigung von 9% erreicht wird. Der Blick auf die von bewaldeten Höhenzügen unregelmäßig gegliederte Wiesenlandschaft des oberen Nonstales eröffnet sich erst kurz nach der Abfahrt, die ohne allzu großes Gefälle in Fondo (km 31,0) endet. In dem hier zusammenlaufenden Straßennetz hält man sich an den nächsten Straßenkreuzungen an die Beschilderung »Pso. Mendola/Bolzano«,

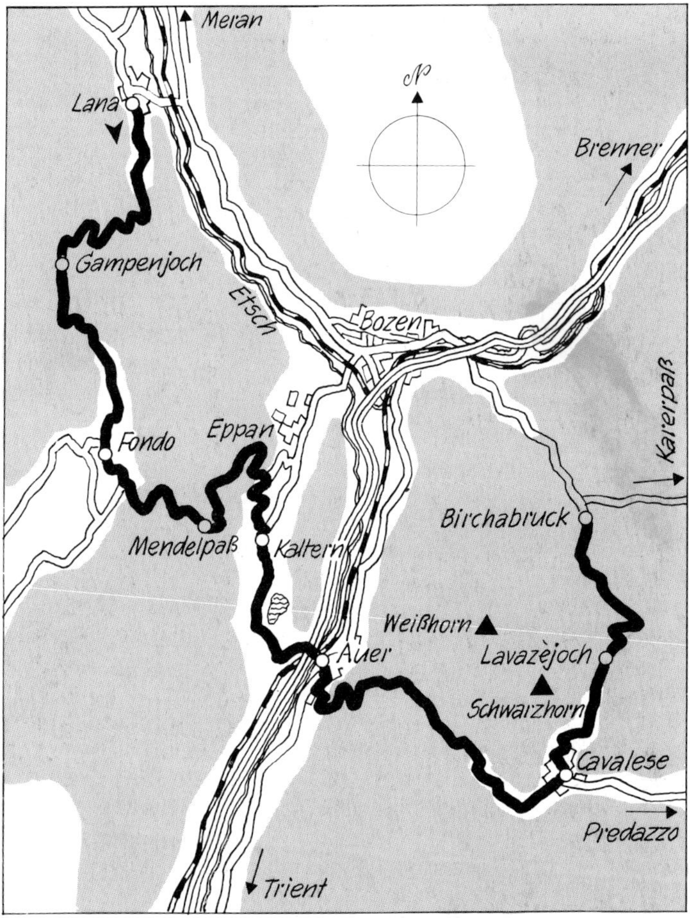

Meran
N
Brenner
Lana
Gampenjoch
Etsch
Bozen
Karerpaß
Eppan
Fondo
Birchabruck
Mendelpaß
Kaltern
Weißhorn
Lavazèjoch
Auer
Schwarzhorn
Cavalese
Predazzo
Trient

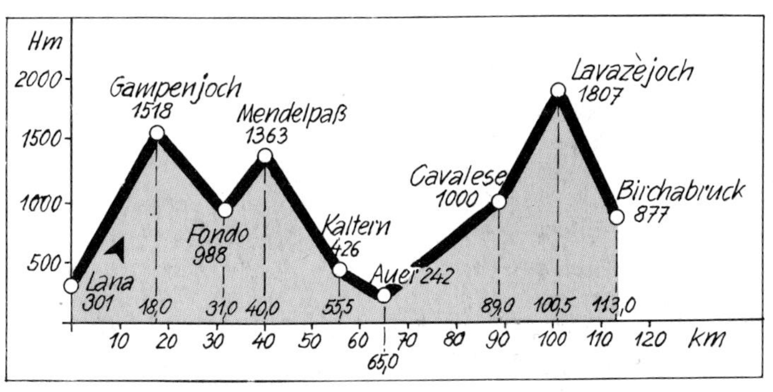
Hm
2000
1500
1000
500
Gampenjoch
1518
Mendelpaß
1363
Fondo
988
Kaltern
426
Lana
301
Auer 242
Cavalese
1000
Lavazèjoch
1807
Birchabruck
877
18,0
31,0
40,0
55,5
65,0
89,0
100,5
113,0
10
20
30
40
50
60
70
80
90
100
110
120
km

wobei kurze Anstiege bis 12% zu bewältigen sind, bevor die Steigung in Ronzone (km 33,5) auf 8% zurückgeht. Schattiger Mischwald nimmt uns auf, beim Gasthof Waldheim (km 35,5) nimmt die Steigung noch weiter ab, und bis zur Hotelgruppe auf der Mendelpaßhöhe (km 40,0) steigt die Straße nur noch mäßig an. Die kehrenreiche Abfahrt mit Gefälle bis 10% an den Ostabstürzen des Mendelkamms erfordert eine eher verhaltene Fahrweise. Im unteren Teil folgt man der nach Kaltern scharf rechts abzweigenden Straße (km 50,5). Durch das holprige Kopfsteinpflaster von St. Nikolaus, vorbei am Ortskern von Kaltern-Dorf rollt es ins Überetsch hinab. Hier trifft man auf die von Bozen kommende Straße (km 55,5), auf der man Richtung Auer/Tramin fährt. Leicht senkt sich die Trasse zwischen roten Steinböschungen noch bis St. Josef (km 57,5) am Westufer des Kalterer Sees, zweigt an der nächsten Straßenkreuzung (km 60,5) ab und führt durch riesige Apfelbaumplantagen nach Auer (km 65,0), dem Beginn der langen Auffahrt durch das Fleimstal nach Cavalese. Über weit auseinandergezogene Kehren steigt die Strecke mit 6% recht gemächlich an. Schon nach wenigen km kommt man an den Parkplätzen von Castelfeder (km 68,0), einer mysteriösen Ruinenlandschaft, deren Herkunft noch immer im dunklen liegt, vorbei. Wenig abseits der Straße befinden sich allerdings nur abgeschliffene Felsen, die sich zwischen Weißdornbüschen und Steineichen aus den sonnenverbrannten Wiesen abheben, während die Ruinen auf einer Hügelkuppe stehen und ihre Besichtigung somit einen gut 10minütigen Fußmarsch erfordern würde. Hinter Montan (km 69,5) tritt rötlicher Porphyrfels an die Straße, die mit gleichmäßigen 6% zum Gasthof Brückenwirt (km 75,0) ansteigt. Über einen bewaldeten Hang nimmt die Steigung auf 8% zu, geht bis zur Ortschaft Kaltenbrunn (km 79,5) aber bald wieder auf 6% zurück. Das Tal weitet sich, und bis San Lugano (km 81,0) radelt man mäßig ansteigend bergan, bevor die Trasse bis zum Beginn eines 500 m langen, schwach beleuchteten Tunnels (km 84,0) abfällt und eben weiter nach Cavalese (km 89,0) führt. Der Beschilderung »Lavazè/ Daiano« folgend verläßt man den Ort auf mit 9% ansteigender Straße und radelt über eine Kehrengruppe bei auf 7% zurückgehender Steigung nach Daiano (km 91,5). Der 12%ige Anstieg durch den Ort wird durch holpriges rötliches Kopfsteinpflaster erschwert, bevor schattenspendender Wald und eine 10%ige Steigung, die von längeren flacheren Abschnitten unterbrochen wird, wieder ein angenehmeres Höherkommen ermöglicht. Man passiert ein Schild mit der Aufschrift »15% Steigung« (km 98,0), die bis zur Paßhöhe (km 100,5) auch anhält. Mit Gefälle bis 15% rollt es dann rasant bis Birchabruck (km 113,0) abwärts.

Hinweis: Wegen der Tunnels ist Beleuchtung ratsam.

11 Die Südtirol-Durchquerung, 3. Abschnitt

Südtirol

Strecke Birchabruck – Welschnofen – Nigerpaß – Tiers – Blumau – Völs – Kastelruth – Panider Sattel – St. Ulrich – Wolkenstein – Sellajoch – Canazei

Charakter Schwere Radtour mit maximal 12% Steigung in das Herz der Dolomiten

Zeit 5 ½–7 Stunden

Länge 98 km

Höhendifferenz 2960 m

Übersetzung 42/ 23–26

Ausgangspunkt Birchabruck (877 m)

Karte KOMPASS Wanderkarte 1:50 000, Blatt 54

Befahrbarkeit Ganzjährig befahrbar

Streckenbeschreibung Diese Etappe führt mitten hinein in das faszinierende Zentrum der Dolomiten. Der gezackte Felsgrat des Latemar mit dem berühmten Karersee, der sagenumwobene Rosengarten, der riesige Block des Schlern, die ungeheuren Zacken und Wandfluchten der Langkofel-Gruppe und die monumentale Sella sind die markantesten Punkte auf dem Weg nach Canazei, unmittelbar im Herzen der schönsten Dolomiten-Gruppen.

Kurz führt die Straße mit 8% aus Birchabruck (km 0,0) heraus, um dann durch ein 500 m langes, unbeleuchtetes Tunnel bis Welschnofen (km 4,5) nur noch leicht anzusteigen. Durch die langgezogene Ortschaft werden 12%ige Steigungen nur von kurzen flacheren Abschnitten abgelöst. Über der südlichen Talseite tauchen die Spitzen des Latemar-Massivs auf. Am Ortsende geht die Steigung auf 10% zurück, und über mehrere Kehren windet sich die Straße zum Karersee (km 10,5), der im dichten Wald fast verborgen bleibt. An schönen Tagen, wenn sich die Berge in dem in einer von Felsbrocken umsäumten Mulde liegenden kleinen Bergsee spiegeln, ist ein Halt lohnenswert, ansonsten erscheint es zweckmäßiger, den meist hoffnungslos überlaufenen Ort rasch zu verlassen. Bald danach hört der Wald auf, auch die Steigung läßt nach, und aus den grünen Wiesen um die Karer-Paßhöhe vor uns wächst der langgestreckte Bergstock des Rosengartens empor. Wenig unterhalb der Paßhöhe (km 13,5) folgt man der nach Tiers/Nigerpaß abzweigenden Straße, die lange eben am Bergfuß entlangführt und dann sogar leicht zu einem Schild mit der Aufschrift »Nigerpaß« (km 21,0) abfällt. Der Paß selbst, ein alter Saumpfad in den Wäldern neben der Straße, bleibt uns verborgen, dafür rollt es nun mit Gefälle bis 14% über mehrere Kehrengruppen bis St. Cyprian. Das 20%ige Gefälle im Ort sollte man für

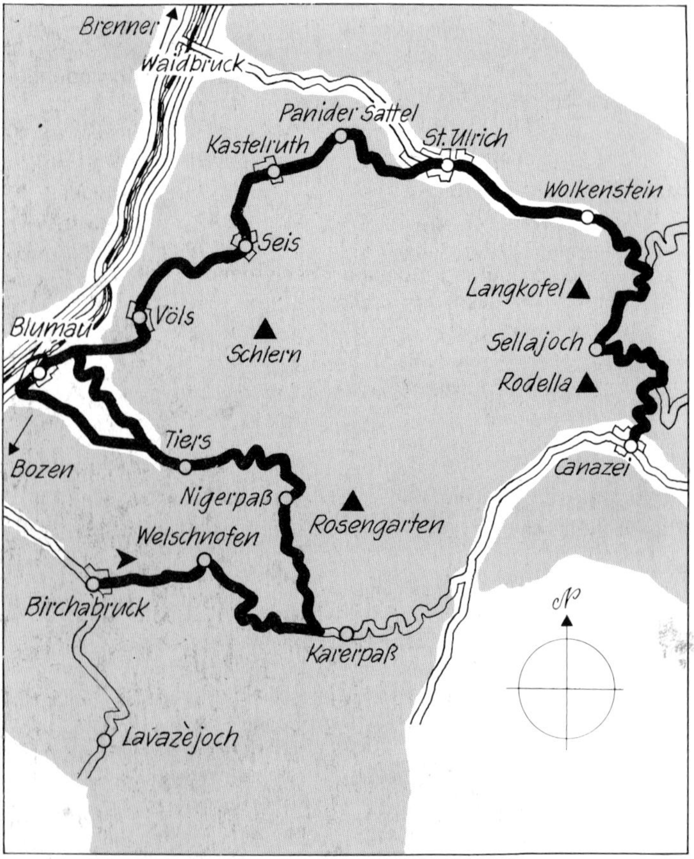

Brenner
Waidbruck
Panider Sattel
Kastelruth
St. Ulrich
Wolkenstein
Seis
Langkofel
Völs
Blumau
Schlern
Sellajoch
Rodella
Tiers
Bozen
Canazei
Nigerpaß
Rosengarten
Welschnofen
Birchabruck
Karerpaß
N
Lavazèjoch

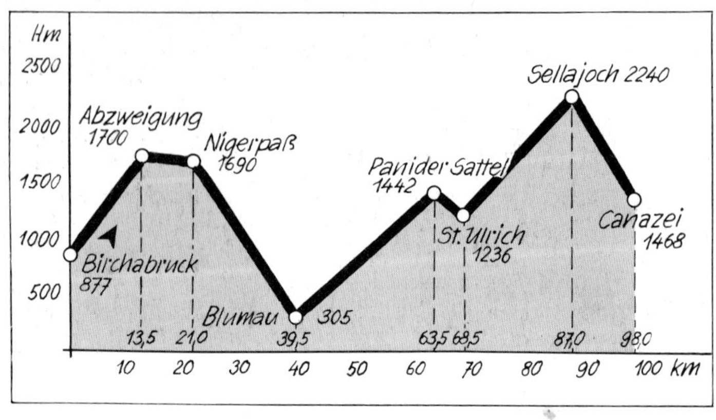
Hm
2500
2000
1500
1000
500
Abzweigung 1700
Nigerpaß 1690
Panider Sattel 1442
Sellajoch 2240
St. Ulrich 1236
Canazei 1468
Birchabruck 877
Blumau 305
13,5
21,0
39,5
63,5
68,5
87,0
98,0
10 20 30 40 50 60 70 80 90 100 km

den kurzen Gegenanstieg nach Tiers (km 30,5) ausnutzen. An der Straßenkreuzung (km 32,5) kurz nach dem Ortsende kann zwischen der geradeaus in einem Tunnel Richtung Bozen verschwindenden oder der nach Brie/Breien abzweigenden Straße gewählt werden. Die Abfahrt nach Breien über ein schmales, kurviges Sträßchen mit Gefälle bis 24%, das durch einen schluchtartigen Talabschnitt in Blumau (km 39,5) im Eisacktal ausläuft, sollte man sich aber nicht entgehen lassen, denn es handelt sich hier um die wohl steilste Dolomitenstraße. Nur wenige hundert m das Eisacktal aufwärts, folgt man der Ausschilderung Richtung »Schlerngebiet/Völs/Kastelruth« mit 10% an der rechten Talseite ansteigenden Straße, trifft bald auf die einmündende zweite, von Tiers kommende Straße (km 41,5), bevor die Steigung zuerst auf 8% und nach einem kurzen Tunnel (km 45,0) auf 5% zurückgeht. Bis Völs (km 47,0) nimmt sie aber auf 12% zu, und man radelt in eine ausgedehnte Hochfläche zu Füßen des Schlern ein. Die Straße bleibt eben, steigt erst kurz vor Seis (km 54,0) auf 5% und am Ortsende kurz auf 10% an, um bis Kastelruth (km 56,5) sogar leicht abzufallen. Die Steigungen bis 12% am Ortsende sind zu kurz, um den Radler ernstlich zu fordern, und auch die folgenden 10% werden von flacheren Abschnitten abgelöst. Erst vorbei an der Kirche von St. Michael (km 61,5) nimmt die Steigung auf gleichmäßig 10% bis zum Scheitelpunkt des Panider Sattels (km 63,5) zu. Abwärts geht es mit Gefälle bis 15%, und, von St. Ulrich (km 68,5) nur durch einen 100 m langen, schwach beleuchteten Tunnel getrennt, trifft man auf die durch das Grödner Tal hochziehende Straße. Nicht die Steigungen bis 6%, sondern der auf breiter, gut ausgebauter Straße nach St. Christina (km 71,5) wieder zunehmende Verkehr, der zu Hauptreisezeiten auch hinter Wolkenstein (km 75,0), der obersten Ortschaft des Tales, kaum nachläßt, stellen das größere Problem dar. Auf gleichmäßig mit 10% ansteigender Straße radelt man zur Kreuzung beim Hotel Miramonti (km 78,5), wo der zurückgehende Wald ein grandioses Bergpanorama mit Sella und Langkofel freigibt. Übertroffen wird dies noch von der Auffahrt zum Sellajoch, wenn sich der Langkofel in einen reichgegliederten Bergstock verwandelt und die Aussicht auf die Geislerspitzen, weit zurück im Norden, frei wird. Mit einer nicht über 9% aufwärts führenden Strecke, anfangs von einem etwa 1 km langen flacheren Abschnitt unterbrochen, erwarten uns bis zur Paßhöhe (km 87,0) zudem keine allzu großen Schwierigkeiten. Mit Blick auf die Firnfelder der Marmolada rollt es auf kehrenreicher, im oberen Teil jedoch sehr schlechter Straße bis Canazei (km 98,0) nur noch abwärts.
Hinweis: Wegen der Tunnels ist Beleuchtung ratsam.

12 Die Südtirol-Durchquerung, 4. Abschnitt

Südtirol

Strecke Canazei – Fedáiapaß – Rocca Piétore – Arabba – Campolongopaß – Corvara – Stern/La Villa – Valparolapaß – Falzáregopaß – Cortina d'Ampezzo

Charakter Mittelschwere Radtour mit maximal 10% Steigung vom Fassatal in die Ampezzaner Dolomiten

Zeit 4 ½–6 Stunden

Länge 92,5 km

Höhendifferenz 2170 m

Übersetzung 42/23–26

Ausgangspunkt Canazei (1468 m)

Karte KOMPASS Wanderkarte 1:50 000, Blatt 55

Befahrbarkeit Wegen Wintersperre der Fedáia-Paßstraße ist die Strecke nur zwischen 15. April und 15. Oktober befahrbar; außerhalb der Öffnungszeiten bietet sich eine Weiterfahrt über das ganzjährig geöffnete Pordoijoch an

Streckenbeschreibung Landschaftlich ist eine Steigerung gegenüber der 3. Etappe zwar kaum noch möglich, dennoch dürfte der vierte Tag wohl die größten Eindrücke bieten. Die riesigen Gletscherfelder der Marmolada, die gewaltige Nordwestwand der Civetta, die zerklüfteten Spitzen der Fanesgruppe, die Trümmerlandschaft am Valparolapaß und nicht zuletzt die fast surrealen Felsgebilde bei der Abfahrt vom Falzáregopaß tragen dazu bei. Der kleine Umweg über den Fedáiapaß wird dabei gerne in Kauf genommen, ist er der direkten Verbindung über das Pordoijoch landschaftlich doch eindeutig überlegen.

Der Beschilderung »Pso. Fedáia« folgend verläßt man Canazei (km 0,0) über die angrenzenden Vororte Alba und Penia auf ebener Straße. Über eine kurze Talstufe (km 5,0) mit auf 8% zunehmender Steigung radelt man in ein kleines Hochtal zu Füßen der Punta di Cornate und des Gran Vernel mit ihren von Gletschern glattgeschliffenen Felsabstürzen ein. Am Talschluß steigt die Straße mit gleichmäßigen 10% über vier Kehren nach oben, an deren Ende (km 9,5) die erste einer ganzen Reihe von kurzen Lawinengalerien wartet. Bei nicht nachlassender Steigung zieht die Straße geradlinig weiter an, und die ersten Firnfelder der Marmolada tauchen auf. Ein 300 m langer, unbeleuchteter Tunnel trennt uns vom westlichen Beginn der Paßhöhe (km 11,5), ein langgestrecktes Hochplateau, eingebettet zwischen dem dunklen Padonkamm und den leuchtenden Schneefeldern der Marmolada. Eben am See entlang, wobei man zwischen der nördlichen und südlichen Uferstraße wählen kann, fällt die Straße

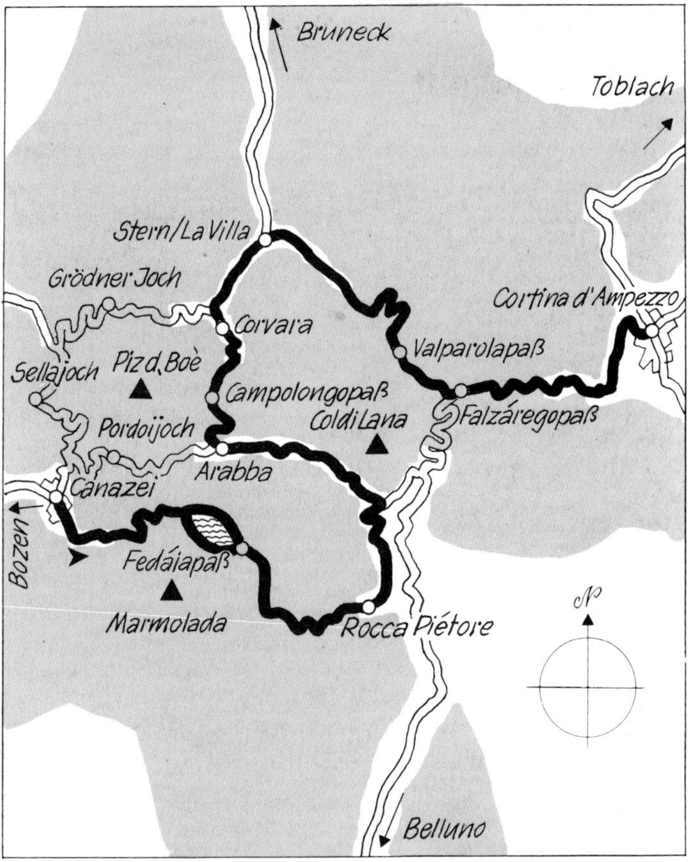

Bruneck
Toblach
Stern/La Villa
Grödner Joch
Corvara
Cortina d'Ampezzo
Valparolapaß
Sellajoch
Piz d. Boè
Campolongopaß
Col di Lana
Falzáregopaß
Pordoijoch
Arabba
Canazei
Bozen
Fedáiapaß
Marmolada
Rocca Piétore
N
Belluno

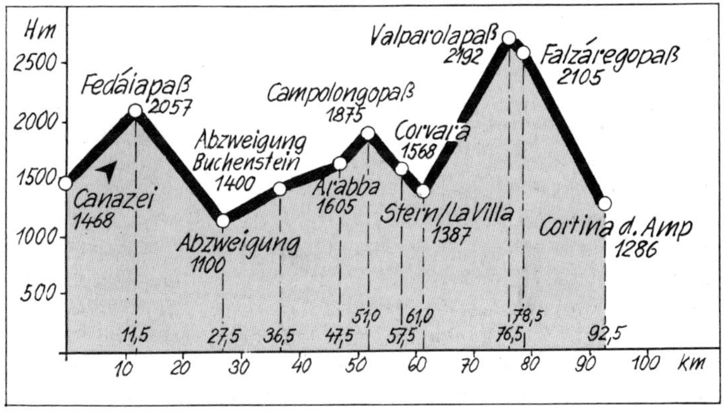

Hm
2500
2000
1500
1000
500
Fedáiapaß 2057
Canazei 1468
Abzweigung 1100
Abzweigung Buchenstein 1400
Arabba 1605
Campolongopaß 1875
Corvara 1568
Stern/La Villa 1387
Valparolapaß 2192
Falzáregopaß 2105
Cortina d. Amp 1286
11,5
27,5
36,5
47,5
51,0
57,5
61,0
76,5
78,5
92,5
10 20 30 40 50 60 70 80 90 100 km

am östlichen See-Ende (km 14,0) mit Gefälle bis 15% und Blick auf die Spitze der Civetta weit im Osten ab. Eine lange Abfahrt, nur von einem kurzen Gegenanstieg hinter Malga Ciapela (km 19,0) unterbrochen, endet an einer Straßenkreuzung (km 27,5) kurz nach Rocca Piétore. Der Beschilderung »Pso. Pordoi/Arabba« folgend steigt die Trasse am linken Rand eines breiten, vom Cordevole durchflossenen Beckens bis zu einem längeren beleuchteten Tunnel (km 29,0) mit 10% an. Durch einen weiteren Tunnel kommt man zum Weiler Digonera (km 31,0), den man durch einen dritten, kurzen Tunnel wieder verläßt und einen windungsreichen Anstieg mit 10% beginnt, der bei der Straßenkreuzung Arabba/Cortina (km 36,5) endet. Mit einem letzten Blick auf die Berge des Fiorentina- und Cordevoletales mit der mächtigen Civetta im Hintergrund radelt man Richtung »Arabba/ Pso. Pordoi« in das Buchenstein, wie das oberste Tal des Cordevole genannt wird, ein. Meist nur mäßig ansteigend, teilweise sogar leicht abfallend nimmt die Steigung erst kurz vor Arabba (km 47,5), dem Beginn des Anstiegs zum Campolongopaß auf 9% zu. Nur 3,5 km lang ist die Auffahrt zum Wiesensattel der Paßhöhe (km 51,0), wobei die Steigung allerdings kaum einmal unter 10% zurückgeht. Die Abfahrt eröffnet bald schöne Ausblicke auf die Berge der Kreuzkofel-Gruppe, die wie eine lange Mauer über den grünen Wiesen der Pralongia auftauchen, bevor sich die Straße kurviger und stärker fallend nach Corvara (km 57,5), überragt von der mächtigen Pyramide des Saß Songher, absenkt. Richtung Bruneck rollt es weiter leicht fallend durch das Corvaratal bis Stern/La Villa (km 61,0), in dessen Ortsmitte (km 62,5) man Richtung »St. Kassian/Valparolapaß« abbiegt. Kurz abfahrend überquert man den Gaderbach, und über grüne Wiesen steigt die Trasse bis zu den obersten Häusern des Ortes auf 10% an. Bis St. Kassian (km 65,0), wo man die durch den Ort führende Strecke der neuen Umgehungsstrecke vorzieht, werden 9%ige Anstiege von langen, flacheren Abschnitten unterbrochen. Die Hotelgruppe von Armentarola (km 68,0) ist dann rasch erreicht. Das breite Schotterbett des Gaderbachs wird überquert (km 69,0), die Straße taucht in den Sareswald ein, und die Steigung nimmt auf 10% zu. Bis zum Beginn der Paßhöhe (km 76,5) hält sie allerdings an, bevor man beim Rifugio Valparola die Aussicht auf die zerklüftete Cunturinesspitze im Norden und Teile der Sella-Gruppe im Westen endlich genießen kann. Zwischen den riesigen Felssturzbrocken unterhalb des Kleinen Lagazuoi hält sich die Straße noch etwas eben, um dann mit 10% Gefälle zur Falzárego-Paßhöhe (km 78,5) abzufallen. Die Abfahrt nach Cortina d'Ampezzo (km 92,5) sollte man nicht zu schnell hinter sich bringen, denn mit ständig neuen Felsformationen und Berggruppen gehört dieser Abschnitt zu den schönsten Dolomitenstraßen.
Hinweis: Wegen der Tunnels ist Beleuchtung notwendig.

13 Die Südtirol-Durchquerung, 5. Abschnitt

Südtirol

Strecke Cortina d'Ampezzo – Tre-Croci-Paß – Misurina – Schluderbach – Toblach – Bruneck – Pfalzen – Terenten – Vintl – Mühlbach

Charakter Leichte Radtour mit maximal 11% Steigung über Tre-Croci-Paß und Pustertaler Sonnenstraße

Zeit 3 ½–4 ½ Stunden

Länge 91,5 km

Höhendifferenz 1170 m

Übersetzung 42/23–26

Ausgangspunkt Cortina d'Ampezzo (1286 m)

Karten KOMPASS Wanderkarte 1:50 000, Blatt 55, 57 und 56

Befahrbarkeit Ganzjährig befahrbar

Streckenbeschreibung Am letzten Tag verläßt man die Dolomiten, nicht ohne die flächenmäßig zwar eher kleine, von ihrer Wildheit und Zerrissenheit dafür um so größere Cristallo-Gruppe, die zu Unrecht in deren Schatten stehenden Marmarole-, Sorapis- und Cadini-Gruppe, und die Sextener Dolomiten besucht zu haben. Nur ein Paß ist dabei auf unserem Weg ins Pustertal zu überwinden, das sich durch grüne Wiesen und bewaldete Hügel auszeichnet, jedoch auch einen enormen Schwerlastverkehr aufweist. Zum Radfahren ist die Straße durch das Pustertal eigentlich nicht geeignet, wenn es nicht die Pustertaler Sonnenstraße, eine hinter Bruneck beginnende, kaum bekannte, ausgezeichnet ausgebaute Variante an den Hängen der nördlichen Talseite gäbe. Die zusätzlichen Höhenmeter, die dabei zu bewältigen sind, wird jeder, der einmal gezwungen wurde, einige km im Pustertal zu radeln, gerne in Kauf nehmen.
Der Beschilderung »Misurina/Auronzo« folgend hat man schon fast eine Stadtrundfahrt hinter sich, bevor man in Cortina d'Ampezzo (km 0,0) endlich die richtige Auffahrt zum Tre-Croci-Paß gefunden hat. Über einen Wiesenhang steigt die Straße auf 11% an, lichter Lärchenwald nimmt uns auf, und vorbei an der Bar beim winzigen Lago Scin (km 3,5) geht die Steigung erst beim Rifugio Malga Lareto (km 5,5) merklich zurück. Nach der Talstation eines Sessellifts (km 6,5) hört auch der Wald auf, die in wilde Pfeiler und Grate aufgelöste Südseite der Cristallo-Gruppe rückt näher, und rückblikkend wird die großartige Aussicht auf die Ampezzaner Berge frei. Dafür nimmt die Steigung bis zum Grand Hotel auf der Paßhöhe (km 8,5) wieder auf 11% zu. Die mit 12% ansetzende Abfahrt geht in ein längeres Flachstück über, im Süden entwickelt sich die Sorapis-

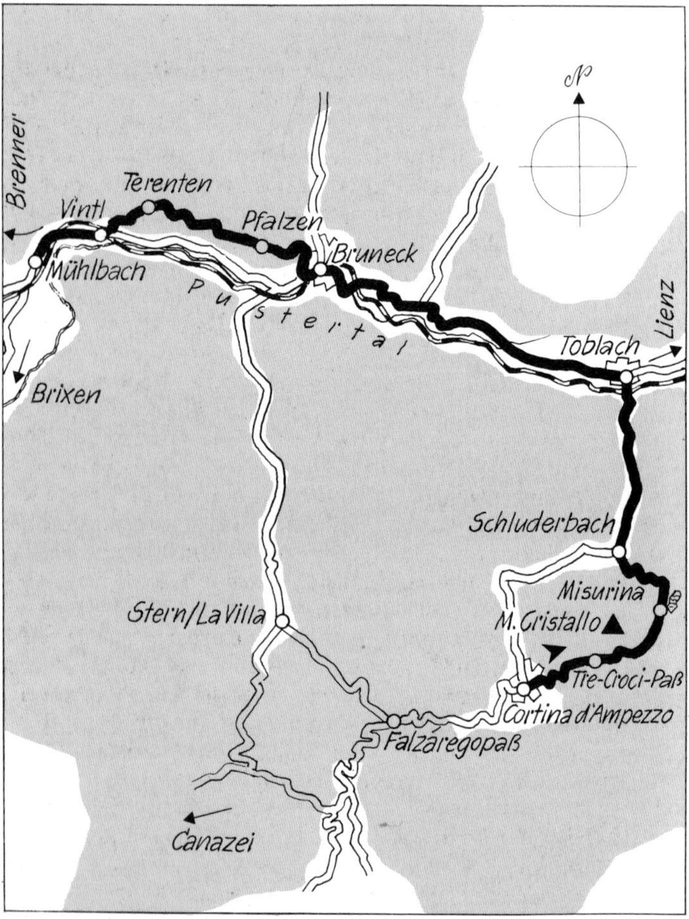

N
Brenner
Vintl
Terenten
Pfalzen
Bruneck
Mühlbach
Pustertal
Brixen
Lienz
Toblach
Schluderbach
Misurina
M. Cristallo
Stern/La Villa
Tre-Croci-Paß
Cortina d'Ampezzo
Falzáregopaß
Canazei

Hm
2000
1500
1000
500
Tre-Croci-Paß 1809
Misurina 1756
Schluderbach 1437
Abfahrt 1509
Toblach 1209
Pfalzen 1022
Anhöhe 1234
Cortina d'Amp. 1286
Bruneck 835
Vintl 756
Mühlbach 775
8,5
12,5
14,0
21,5
35,0
60,5
68,5
77,0
86,0
91,5
10 20 30 40 50 60 70 80 90 100 km

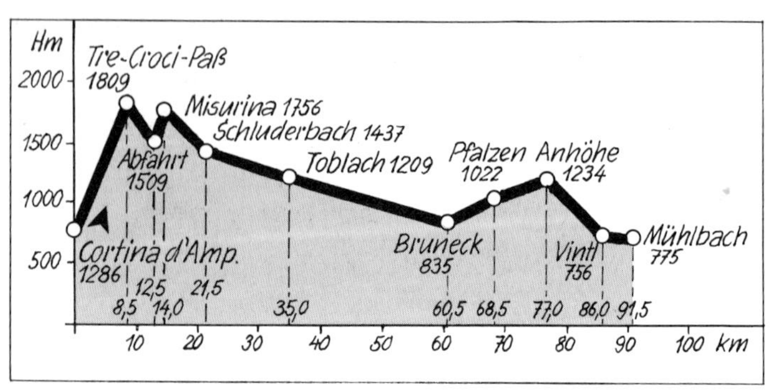

Gruppe zu einem Mauerwall, der sogar einen kleinen Gletscher einschließt, und an den sich die Kare und Spitzen der Marmarole-Gruppe anschließen. Nochmals stärker fallend erwartet uns bei der Straßenkreuzung Misurina/Auronzo (km 12,5) ein kurzer 12%iger Anstieg, bevor die Strecke eben in der weiten Hochfläche von Misurina ausläuft. Hinter der gleichnamigen Ortschaft (km 14,0) schließt sich der Misurinasee an und das sich hier bietende Panorama auf die Cadini-Gruppe östlich des Sees, die hochaufragend, fast isoliert dastehende Westliche und Große Zinne, im Süden Marmarole-, Antelao- und Sorapis-Gruppe, kann nur von einer Auffahrt über die Drei-Zinnen-Bergstraße zur Auronzo-Hütte, die kurz nach dem See-Ende abzweigt, übertroffen werden. Vorher sollte aber die Beschreibung des Abstechers in Tour 21 genau gelesen werden, denn 7,5 km, von denen fast 5 km eine Steigung von 16% erreichen, sind wohl nicht jedermanns Sache. Wer es deshalb nicht so anstrengend haben will, fährt eben weiter zum Col Sant Angelo, wo die Hochfläche unvermittelt endet und die Straße mit 11% bis Schluderbach (km 21,5) abfällt. Meist leicht fallend rollt es durch das düstere Höhlensteintal nach Toblach (km 35,0), das wie ein breiter Graben die Zentralalpen im Norden von den Dolomiten im Süden trennt. Toblach ist nicht nur die Wasserscheide zwischen Rienz und Drau, sondern auch der höchste Punkt des Tales, weshalb die Straße bis Bruneck (km 60,5) stetig, meist zwar nur leicht, teilweise aber auch mit Gefälle bis 6% abfällt. Unmittelbar nach dem Ortsende von Bruneck zweigt rechts Richtung Pfalzen/Terenten die Pustertaler Sonnenstraße ab. Die Rienz wird überquert, am Ortsende von Stegen (km 64,5) nimmt die Steigung zu, erreicht aber nur einmal kurz 10%, bis der Wald zurückgeht und sich eine reizvolle Mittelgebirgsstufe mit sanft gewellten Wiesen und Wäldern, kleinen Dörfern mit hohen Kirchtürmen und alten Bauernhöfen auftut. Fast eben rollt es über Pfalzen (km 68,5) bis Issing (km 70,0), wo man kurz abfährt, bevor sich die Trasse im ständigen Wechsel von Steigungen bis 9% mit flacheren Abschnitten bis zum höchsten Punkt beim Unterschnurrerhof (km 77,0) hinaufzieht. Hinter Terenten (km 79,0) verengt sich die Straße etwas, um dann kurvig und steil mit 12% wieder ins Pustertal abzufallen, wo man bei Vintl (km 86,0) auf die Staatsstraße trifft. Dem leichten Auf und Ab der Strecke folgend ist die Mühlbacher Klause (km 89,5) mit den Ruinen einer mittelalterlichen Straßensperre rasch erreicht, und kurz darauf sollte man im Markt Mühlbach (km 91,5) endgültig in die Eisenbahn oder das Begleitauto umsteigen.

Dolomiten

14 Die Brixener Dolomitenstraße

Dolomiten

Strecke Brixen – Afers-Palmschoß – Halsljoch – Würzjoch – Untermoi – St. Martin in Thurn – Einmündung Staatsstraße 244 im Gadertal

Charakter Mittelschwere Radtour mit maximal 11% Steigung vom Eisack- ins Gadertal

Zeit 3–4 Stunden

Länge 43,5 km

Höhendifferenz 1540 m

Übersetzung 42/23–26

Ausgangspunkt Brixen (561 m)

Karte KOMPASS Wanderkarte 1:50 000, Blatt 56

Befahrbarkeit Wegen Wintersperre des Würzjochs ist die Strecke nur zwischen 1. Juni und 30. November befahrbar

Streckenbeschreibung Die Brixener Dolomitenstraße, die von Brixen ausgehend über das Würzjoch das Eisacktal mit dem Gadertal verbindet, kann mit Recht als Geheimtip bezeichnet werden. Von den Touristenströmen noch weitgehend verschont, ist sie selbst zu Hauptreisezeiten nur relativ schwach frequentiert. Welchem Umstand diese Straße ihren untergeordneten Bekanntheitsgrad zu verdanken hat, ist eigentlich ein Rätsel, stellt sie doch bereits eine Verbindung mit dem zentralen Teil der Dolomiten dar und steht zudem anderen Übergängen in landschaftlicher Hinsicht in keiner Weise nach. Mögliche Gründe könnten vielleicht sein, daß die erst seit einigen Jahren durchgehend asphaltierte Strecke nicht wintersicher ausgebaut ist und für viele die Dolomiten wohl erst mit dem Grödner Tal beginnen.

Dem Radler kann dies nur recht sein, wenn er die alte Bischofsstadt Brixen (km 0,0), der Beschilderung »Plose/St. Andrä« folgend, in südlicher Richtung durch den Ortsteil Mellaun verläßt. Auf mit 8 bis 10% aufwärts führender Straße fährt man in Mischwald ein, der jedoch bald zurückgeht und den Blick auf den breiten Talboden, in dem sich der Eisack langsam seinen Weg zur Etsch sucht, freigibt. Über uns ragt der spitze Kirchturm von St. Andrä auf, dessen Ortsanfang (km 6,5) man auf kurvenreicher Strecke bei nur einmal kurz nachlassender Steigung erreicht. An der großen gotischen Kirche mit ihrem achteckigen Kuppelbau und der kurz darauf folgenden Abzweigung zur Talstation der Plose-Seilbahn vorbei, schlängelt sich die Straße durch hochstämmigen Nadelwald nunmehr mit 10% nach oben. Bei km 10,5 geht der Wald mit einem Mal zurück, und über den bewaldeten Hügeln des benachbarten Villnößtales ragen die tief gezackten Spitzen der Geislergruppe empor. Nicht zurück geht jedoch die Steigung, die sogar auf 11% zunimmt. Langsam weitet sich der

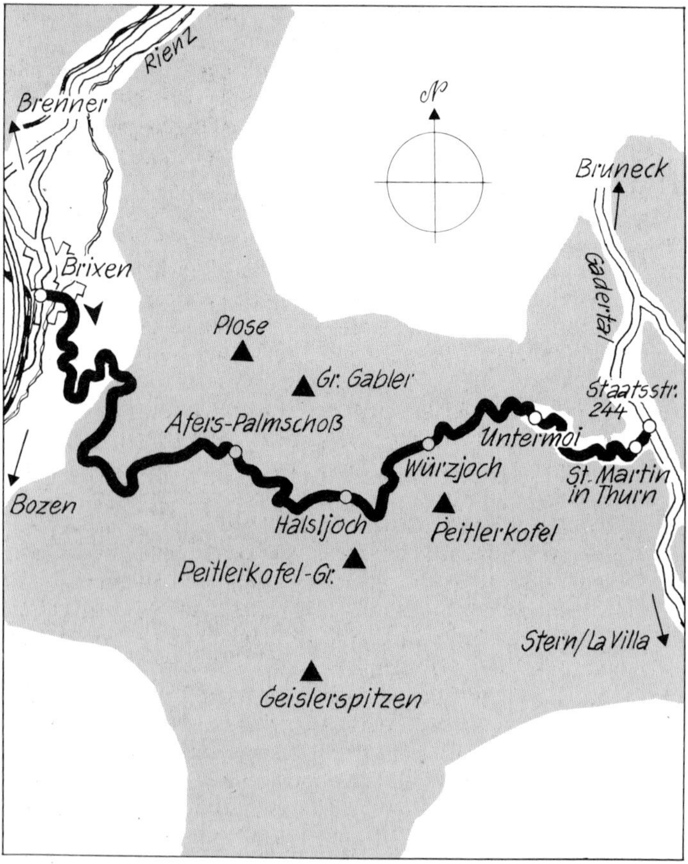

Rienz
Brenner
N
Bruneck
Brixen
Gadertal
Plose
Gr. Gabler
Staatsstr. 244
Afers-Palmschoß
Untermoi
Würzjoch
St. Martin in Thurn
Bozen
Halsljoch
Peitlerkofel
Peitlerkofel-Gr.
Stern/La Villa
Geislerspitzen

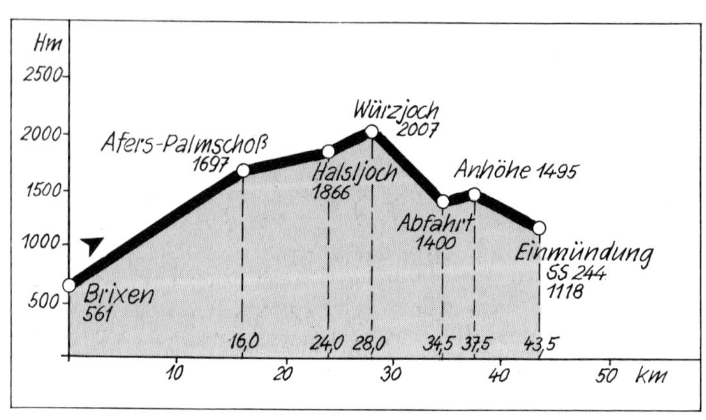

Blick auf den vor uns liegenden Bergzug der Aferer Geiseln, und bis Afers-Palmschoß (km 16,0) hält die Steigung fast unvermindert an. Im Ort, beim Gasthaus Vallazza, zweigt links die Plose-Gipfelstraße ab, die für Fahrräder jedoch nur bis zum Alpengasthof Kreuztal (km 20,5) auf wenig aussichtsreicher Trasse mit Anstiegen zwischen 8 und 10% zu befahren ist. Schöner ist es zweifellos, der Beschilderung »Würzjoch/Passo Erbe« folgend über teilweise enge Kurven auf leicht abfallender Strecke in das Tal des Russisbaches abzufahren. Kaum jemand wird dabei von den wild zerklüfteten, wie von Axthieben gespaltenen Zacken, Scharten und Türmen des langgestreckten Felszuges der voraus aufragenden Aferer Geiseln, deren riesige Schuttreißen bis zu den bewaldeten Berghängen herabreichen, und dem wuchtigen, etwas abgesetzten Felsklotz des Peitlerkofels unbeeindruckt bleiben. Nach einer kleinen Kapelle (km 17,5) steigt das kurvige, schmale Sträßchen wieder auf 9% bis zur Einmündung der durch das Villnößtal heraufführenden Straße (km 20,5) an. Anstiege, meist weit unter 8%, bringen in eine Talweitung, und bei der Edelweiß- oder der unmittelbar darauffolgenden Halsl-Hütte (km 23,0) bietet sich Gelegenheit zu einer Rast. An die wettergegerbten, harzigen Hüttenwände gelehnt, muß man den Kopf schon weit in den Nacken legen, um die frontal aufragenden Felswände überblicken zu können. Kurz darauf ist das Halsl, ein kleiner Geländescheitel (km 24,0) erreicht, der fast unbemerkt überfahren wird und nur an einem kurzen Abfallen der Straße erkennbar ist. An den blumenübersäten Hochalmen der Gungganwiesen wird der Schartenbach, der von der Einkerbung zwischen den Aferer Geiseln und dem Peitlerkofel herabzieht, überfahren. An der Abzweigung der nach Lüsens (km 24,5) führenden Straße vorbei, deren Asphaltbelag nach wenigen km endet, nimmt die Steigung wieder zu. In schöngeschwungenen Schleifen durch Zirben und Lärchenwald wird der höchste Punkt der Tour, das Würzjoch (km 28,0), über Anstiege von 8 bis 10% erreicht. Mehr als 800 m hoch ragt die Nordwand des Peitlerkofels im Vordergrund auf, während die gegenüberliegende Talseite in den sanften Bergwiesen des Kurtatsch ausklingt. Mit Gefälle bis 12% fällt die Straße kurvenreich in den ladinischen Teil der Dolomiten ab. Im Osten tauchen die Spitzen der Fanes-Gruppe auf, und nach Durchfahrung der Ortschaft Untermoi erwartet uns in der Mulde des Moibaches (km 34,5) eine Gegensteigung, auf den ersten 1,5 km mit 12%, bevor sie bis zu einer kleinen Waldlichtung am Col dal Ermo (km 37,5) auf 10%, von längeren flacheren Stücken unterbrochen, zurückgeht. Auf guter, aber kurviger Straße geht es dann, am Schloß Thurn (km 41,0) vorbei, nur noch abwärts. In St. Martin in Thurn (km 42,5) ist die Straße im Gadertal bereits sichtbar, die kurz darauf nach Überquerung des Gaderbaches (km 43,5) erreicht wird.

15 Um den Kronplatz

Dolomiten

Strecke Bruneck – Niederolang – Furkelsattel – St. Vigil – Zwischenwasser – St. Lorenzen – Bruneck

Charakter Mittelschwere Radtour mit maximal 16% Steigung in den Enneberger Dolomiten

Zeit 3–4 Stunden

Länge 48,5 km

Höhendifferenz 950 m

Übersetzung 42/26

Ausgangspunkt Bruneck (835 m)

Karte KOMPASS Wanderkarte 1:50 000, Blatt 57

Befahrbarkeit Ganzjährig befahrbar

Streckenbeschreibung Der Kronplatz ist ein mittelgebirgiger, fast bis obenhin bewaldeter Bergzug, der sich unmittelbar südlich über Bruneck erhebt. Geographisch liegt er am Rande der Enneberger Dolomiten, die östlich des Gadertales aufragen und mit dem Heiligkreuzkofel ihre höchste Erhebung bilden. Eine Umrundung des Kronplatz ist eine durchaus lohnende Radtour, die zudem noch durch einen Abstecher in das Rautal, inmitten der Felswildnis des Naturparks Fanes-Sennes-Prags, gekrönt werden kann.
Ausgangspunkt ist Bruneck (km 0,0), der Hauptort des italienischen Teils des Pustertales, den man in östlicher Richtung, der Beschilderung Innichen folgend, verläßt. Auf zurückgehender Steigung wird das Dörfchen Percha (km 4,5) erreicht. In dem sich wie ein breiter Graben dahinziehenden Talboden, dessen abgerundete Wald- und Wiesenhänge noch jegliche Aussicht verdecken, wechseln bis Neunhäusern (km 9,0) Anstiege bis 6% mit längeren flacheren Abschnitten ab. Kurz nach der Häusergruppe (km 10,5) kann man, der Beschilderung »Olang« folgend, endlich die vielbefahrene Hauptstraße verlassen. Man hält sich an der nächsten Straßenkreuzung an die Abzweigung nach Niederolang und radelt nach dem Ort (km 11,5), den braunen Hinweisschildern »Kronplatz« nach, in die weite Talschaft des Olanger Beckens ein. Die terrassenförmig angelegten Siedlungen Nieder-, Mitter- und Oberolang, mit ihren drei hochaufragenden roten Kirchtürmen im Rücken, steigt die Straße zwischen grünen Wiesen langsam auf 6% an. Mächtig erheben sich Piz da Peres und Dreifingerspitze über dem Silaner Wald, und ein Schild (km 14,5) weist auf den Beginn einer 13%igen Auffahrt hin. Hinter Geiselsberg, das sich an den Ostabhang des Kronplatzmassivs lehnt, sind noch fünf Kehren zu bewältigen, bevor die Steigung kurz vor Außerberg (km 16,5) nachläßt. Ein ebener Abschnitt läßt

Auf der Ostseite des Grödner Jochs (Tour 19 und 25) ▷

Der Rosengarten mit den Vajolettürmen über dem Tierser Tal (Tour 11)

Abfahrt über die Südseite des Sellajochs (Tour 11, 19 und 25) ▷

Auf der Westseite des Pordoijochs (Tour 19 und 23)

Auf der Rolle-Paßhöhe (Tour 29)

Die obersten Kehren bei der Abfahrt vom Sellajoch, Südseite ▷
(Tour 11, 19 und 25)

Im oberen Teil der Auffahrt zum Grödner Joch, Ostseite (Tour 19 und 25)

Auf der Gardasena Orientale (Tour 31)

Die Ponalestraße über dem Gardasee bei der Auffahrt zum Tremalzopaß ▷ (Tour 34)

In Torri del Benaco am Gardasee (Tour 31)

Das Kirchlein St. Cyprian im Tierser Tal (Tour 11)

Am Pordoijoch, Westseite (Tour 19 und 23) ▷

Die letzten Meter zum Sellajoch, Nordseite (Tour 11, 19 und 25)

Die gewaltige Ostwand des Langkofels bei der Auffahrt zum Grödner Joch (Tour 19 und 25)

Kehre 18 am Pordoijoch, Westseite (Tour 19 und 23) ▷

Die Langkofelgruppe mit Grohmannspitze, Fünffingerspitze und Langkofeleck bei der Auffahrt über die Nordseite des Sellajochs (Tour 11, 19 und 25)

18

e Trümmerlandschaft auf der Valparola-Paßhöhe (Tour 17 und 20)

Abfahrt über die Ostseite des Pordoijochs (Tour 19 und 23)

Blick von der Válles-Paßhöhe auf die Marmoladagruppe im Norden (Tour 28)

Schloß Enn kurz hinter Montan (Tour 10 und 27)

Auf dem Weg nach Cavalese (Tour 10)

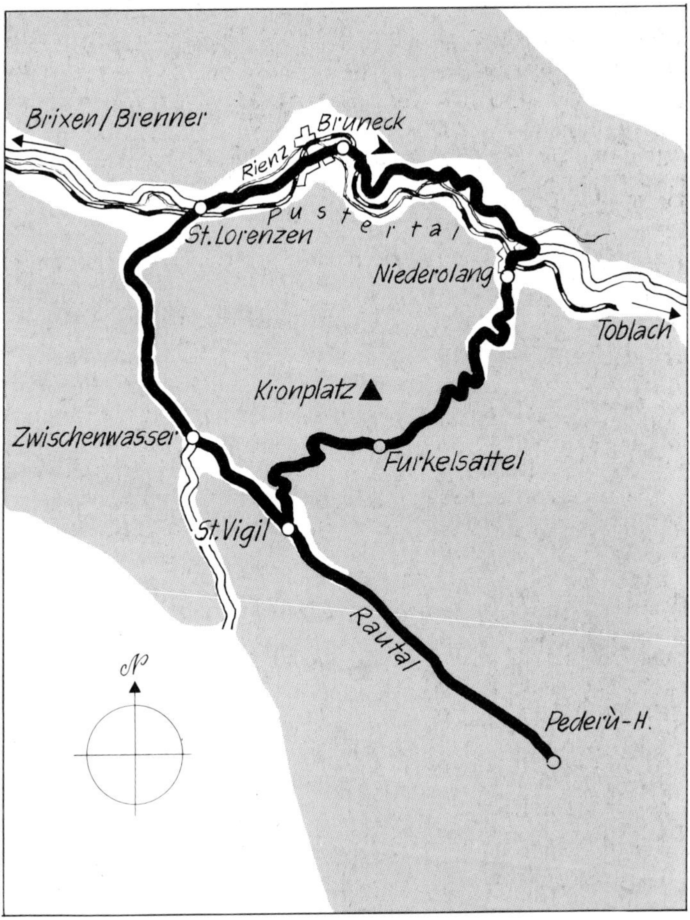

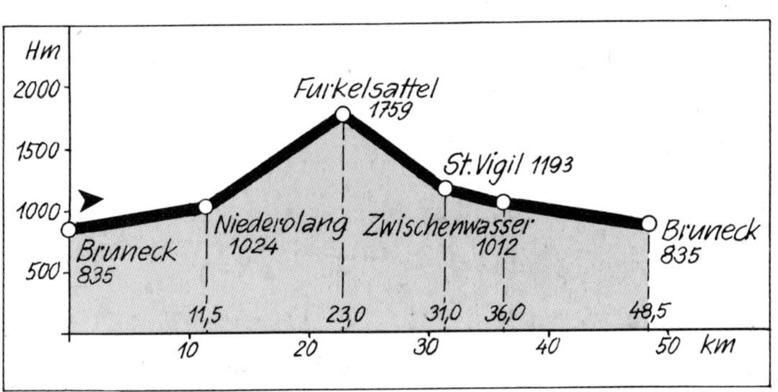

◁ Auf der Giau-Paßhöhe (Tour 22 und 26)
Kleines Bild: Abfahrt vom Rollepaß (Tour 29)

weite Rückblicke auf die schneebedeckten Gipfel der Rieserferner-Gruppe über dem gegenüberliegenden Antholzer Tal zu, bevor die Straße nach einer kleinen Brücke (km 18,0) auf 16% ansteigt. Vier Kehren sind bei nicht nachlassender Steigung zu überwinden, die erst wieder bei der Marchner Skihütte (km 20,0) zurückgeht. Bis zur Paßhöhe wechseln dann Steigungen bis 8% mit längeren flacheren Abschnitten, aber auch nochmaligen kurzen Anstiegen bis 16%, ab. Die Paßhöhe (km 23,0), die Anspruch darauf erheben darf, der nördlichste Dolomitenpaß zu sein, bietet keinerlei Aussicht. Diese eröffnet sich erst auf der nachfolgenden kehrenreichen Abfahrt ins Furkeltal. Im Westen hebt sich der Peitlerkofel turmartig aus den bewaldeten Bergzügen über dem Gadertal hervor, und weit im Süden zeigen sich die Gipfel der Kreuzkofelgruppe. An der Kreuzung Enneberg/St. Vigil (km 28,5) steigt die Straße kurz auf 10% an, fällt dann wieder ab, und nach einem nochmaligen, leichten Gegenanstieg rollt es hinunter nach St. Vigil (km 31,0). Den Abstecher ins Rautal (siehe Beschreibung Abstecher), über dem sich die zerrissenen Gipfel der Kreuzkofelgruppe erheben, sollte man sich nicht entgehen lassen, bevor man in dem sich langsam verengenden Tal bis Zwischenwasser (km 36,0) weiter abfährt. Im engen, schluchtartigen Ennebergtal, wie das von hier zur Rienz hinunterziehende Tal des Gaderbaches genannt wird, fällt die Straße ständig, meist leicht, ab, bevor sich das Tal bei Montal (km 43,0) weitet und man auf ebener Strecke vor der Rienzbrücke nach St. Lorenzen (km 46,0) abbiegt. Nach dem Ort muß man nur noch ein kurzes Stück auf der Pustertaler Hauptstraße entlangradeln, bevor mit dem Ortsanfang von Bruneck (km 48,5,) wieder der Ausgangspunkt erreicht ist.

Abstecher ins Rautal (+ 12,5 km, + 350 Hm, + ¾–1 Std.). Vom Furkelsattel kommend radelt man in die Ortsmitte von St. Virgil (km 0,0) und folgt dort der Beschilderung »Fanes/Sennes«. Auf ebener Straße fährt man in das hier noch breite Tal ein. Am kleinen Kreidesee (km 3,5,) vorbei wechseln 6%ige Anstiege mit flacheren Abschnitten ab. Wie eine Schneise zieht sich die Straße durch den bewaldeten Talboden bis zur Talweitung bei der Alpe Tamers (km 7,5,), über der die roten Wände des Tamersfels aufragen. Die hohen Felspfeiler und Türme am Talrand rücken näher an die Straße, die mit Steigungen bis 8% und langen flacheren Abschnitten bis zum Talschluß ein zügiges Vorwärtskommen ermöglicht. Erst die mit den schmalen Schlauchreifen absolut unbefahrbaren Sandstraßen, die hinter dem Hotel Pederù (km 12,5,) an den steilen Abbrüchen des Talkessels weiter nach oben führen, setzen unserem Erkundungsdrang dann ein Ende.

16 Zu Pragser Wildsee und Plätzwiese

Dolomiten

Strecke Abzweigung der Staatsstraße 49 im Pustertal – In der Sag – Pragser Wildsee – In der Sag – Plätzwiese

Charakter Mittelschwere Radtour mit maximal 18% Steigung in den Pragser Dolomiten

Zeit 1 ¾–2 ½ Stunden

Länge 41 km

Höhendifferenz 1170 m

Übersetzung 42/26

Ausgangspunkt Abzweigung der Staatsstraße 49 im Pustertal zwischen Welsberg und Niederdorf (1120 m)

Karte KOMPASS Wanderkarte 1:50 000, Blatt 57

Befahrbarkeit Da die Auffahrt zur Plätzwiese im Winter nicht geräumt wird, ist die Strecke je nach Schneelage meist erst ab Anfang April befahrbar

Streckenbeschreibung Die Pragser Dolomiten, südlich des Pustertales zwischen dem Ennebergtal und dem Höhlensteintal gelegen, sind ein reizvolles Wandergebiet mit leicht zu erreichenden, aussichtsreichen Gipfeln und Übergängen. Mit dem Pragser Wildsee und der Plätzwiese besitzen sie zwei Schaustücke, die nicht nur dem Bergwanderer vorbehalten bleiben, sondern auch dem Radfahrer zugänglich sind. Beide haben zudem den Vorteil, nicht sehr weit voneinander entfernt zu sein, so daß sie ohne weiteres im Rahmen einer Tour angefahren werden können.

Ausgangspunkt ist eine kleine Abzweigung an der Staatsstraße 49 im Pustertal, etwa in der Mitte zwischen den Ortschaften Welsberg und Niederdorf gelegen und mit einem braunen Hinweisschild mit der Aufschrift »Pragser Wildsee« versehen. Unter einer Eisenbahnunterführung hindurch steigt die Strecke auf 6% an, ein kurzer 8%iger Aufschwung, und schon neigt sich die Straße bis zu einer Kreuzung beim Weiler In der Sag (km 2,5) wieder zurück. Vor uns versperren Herrenstein und Daumkofl eine weitere Aussicht auf die Pragser Dolomiten. Zum Einrollen erscheint es günstiger, dem anfangs eben nach rechts abzweigenden Innerpragser Tal zum Pragser Wildsee zu folgen. Zwischen grünen Wiesen nimmt die Steigung bald wieder zu, überschreitet aber bis zu den Häusern von St. Veit (km 5,5) 8%, die zudem meist von längeren flacheren Abschnitten unterbrochen werden, nicht. Über dem Seewald ragen die wie Zähne eines Sägeblattes geformten, gezackten Felsspitzen der Großen Apostel hervor, und vor uns deutet die Nordwand des Seekofels bereits das nahe Ende dieser Auffahrt an. Davon trennt uns allerdings noch ein 12%iger Anstieg, der kurz nach St. Veit beginnt und bis zum ersten Parkplatz vor dem See (km 7,5) anhält. Die letzten m bis zum Stra-

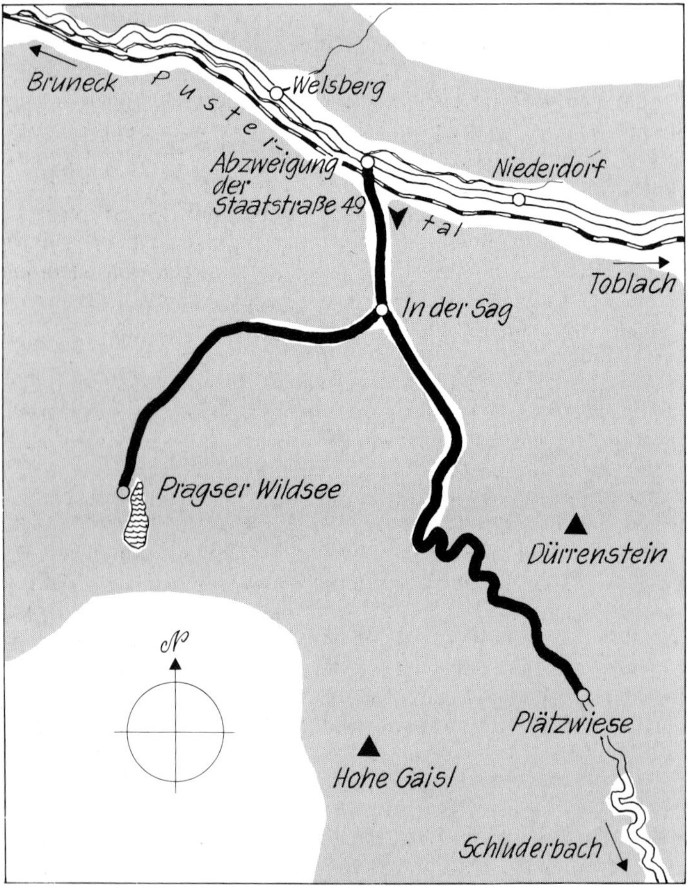

Bruneck
Pustertal
Welsberg
Abzweigung der Staatstraße 49
Niederdorf
Toblach
In der Sag
Pragser Wildsee
Dürrenstein
N
Plätzwiese
Hohe Gaisl
Schluderbach

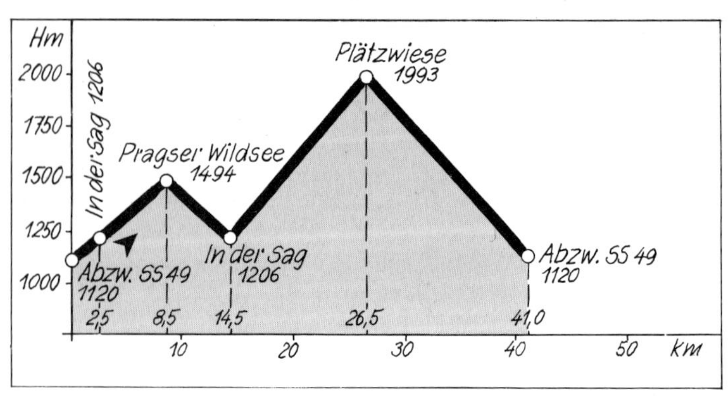
Hm
2000
1750
1500
1250
1000
In der Sag 1206
Pragser Wildsee
1494
Plätzwiese
1993
Abzw. SS 49
1120
In der Sag
1206
Abzw. SS 49
1120
2,5
8,5
14,5
26,5
41,0
10
20
30
40
50
km

ßenende werden dann auf ebener Trasse zurückgelegt, aber noch versperrt das Hotel Wildsee (km 8,5) den Blick auf den See. Auf der Rückseite des riesigen Gebäudekomplexes, dessen graue Steinquader die gleiche Farbe wie die umgebenden Bergwände haben, liegt er dann vor uns: dunkelgrün, völlig eingekesselt von hochaufragenden, steilwandigen Felsen, deren schmale Bänder und Gesimse spärlichem Waldwuchs Platz bieten. An düsteren Tagen, wenn von den Felswänden graue Nebelschleier herabziehen, vermag man fast an die Sage zu glauben, nach der die Königin von Fanes mit ihrer Tochter Dolasilla den See befahren soll, um nach den silbernen Trompeten zu suchen, mit denen die Wiedererstehung des längst vergangenen Fanesreiches verkündet werden soll. Wieder zurück an der Straßenkreuzung (km 14,5) beginnt mit der Einfahrt in das Altpragser Tal die Auffahrt zur Plätzwiese. Im grünen Tal steigt die Straße auf 8 bis 10% an, geht kurz etwas zurück, um dann nochmals bis zur Abzweigung der nach Bad Altprags führenden Strecke (km 16,5) auf 12% anzuziehen. Zwischen den von zahlreichen Holzhütten übersäten Kameriotwiesen, über denen sich die schroffen Berggestalten von Sarlkofel und Lungkofel erheben, bleibt die Straße fast eben, übersetzt den Stollabach und wird dann abermals bis 12% steil. Mit nachlassender Steigung radelt man beim Hotel Brückele (km 20,0) über einen Weiderost in ein kleines Hochtal. Nur wenige hundert m ist diese Idylle, dann stellt sich ein von der Rauhen Gaisl vorspringender Felskopf in den Weg, und die Straße weicht nach links aus. Über einen Steilabbruch durch den urwüchsigen Bergwald des Fanes-Sennes-Prags Naturpark windet sie sich nunmehr kurven- und kehrenreich in einer ständigen Auffahrt mit 8 und 10%, die kurz auch immer wieder 12% erreicht, nach oben. Bis km 25,5 hält sie an, bevor sie kurz zurückgeht, um dann nochmals auf eine Länge von knapp 1 km auf 18% anzuziehen. Danach liegt das Hochplateau der Plätzwiese (km 26,5) vor uns, und nichts erinnert mehr an die beim Pragser Wildsee herrschende Enge. Die langgestreckte, mit Zirben und Lärchen bestandene Wiesenmulde wird im Westen von den brüchigen gelben Steinmassen um die Hohe Gaisl, im Osten vom Dürrenstein und der langgezogenen Mauer der Helltaler Schlechten begrenzt, am südlichen Einschnitt ist die Dürrensteinhütte neben der verfallenen Ruine eines österreichischen Sperrforts zu erkennen. Über ihnen zeigen sich die Spitzen der Cristallo-Gruppe, und im Nordosten blinken in weiter Ferne die Gletscher der Zillertaler Alpen.

17 Die Dolomiten von Nord nach Süd

Dolomiten

Strecke St. Lorenzen im Pustertal – Stern/La Villa – Valparolapaß – Falzáregopaß – Selva di Cadore – Staulanzapaß – Dont – Duranpaß – Agordo – Belluno

Charakter Schwere Radtour mit maximal 15% Steigung vom Pustertal nach Belluno

Zeit 6 ½–8 ½ Stunden

Länge 136 km

Höhendifferenz 2510 m

Übersetzung 42/26

Ausgangspunkt St. Lorenzen im Pustertal (810 m)

Karten KOMPASS Wanderkarte 1:50 000, Blatt 57, 55 und 77

Befahrbarkeit Wegen Wintersperre der Duran-Paßstraße ist die Strecke nur zwischen 1. Mai und 30. November befahrbar

Streckenbeschreibung Die Dolomiten werden in die Westlichen und Östlichen Dolomiten unterteilt. Die Grenze bildet dabei in groben Zügen das kurz vor Bruneck im Pustertal abzweigende Gadertal bis zum Sellastock und von dort das Tal des Cordevole, das vom Buchenstein bis in die Gegend von Belluno hinabzieht. Im wesentlichen dieser Linie folgend berührt diese Tour nach dem ersten Drittel den Rand der Bilderbuch-Dolomitenlandschaft um die Sella, um dann etwas in die Östlichen Dolomiten auszuweichen, wo es, abseits der großen Touristenströme, noch ruhiger, beschaulicher ist und auch die Berge nicht ganz so erdrückend sind.

Unmittelbar vor St. Lorenzen (km 0,0) wird die Rienzbrücke überquert und der Beschilderung »Gadertal« folgend in das Tal des Gaderbaches, das hier genaugenommen Ennebergtal heißt, eingefahren. Eben hält sich die Straße bis Montal (km 3,5) und tritt dann auf 5% ansteigend in die Mündungsschlucht des Gaderbaches ein. Bis Zwischenwasser (km 9,5) werden längere Steigungen bis 5% von flacheren Abschnitten abgelöst, und der Beschilderung Corvara folgend geht die Steigung auf etwa 2% zurück. Hin und wieder weitet sich das Tal etwas, und erst kurz vor Piccolein (km 14,5) wird es wieder bis zu 6% steil. Bis Pidro (km 18,5) kann man das 52er Kettenblatt auflegen, vor uns zeigen sich schon die Berge der Puez-Gruppe, und über Kehren mit 8% fährt man in das Abteital (km 24,5) ein. Die Steigung der Straße bleibt weiterhin mäßig, und zwischen den Felsen der Puez-Gruppe im Westen und der Kreuzkofel-Gruppe im Osten radelt man bis La Villa/Stern (km 28,0), wo man Richtung St. Kassian abbiegt. Kurz fällt die Straße ab, um dann zwischen grünen Wiesen, direkt auf die gezackte Kette der Bergspitzen vor uns, mit 10% anzusteigen. Nach den letzten Häusern des Ortes

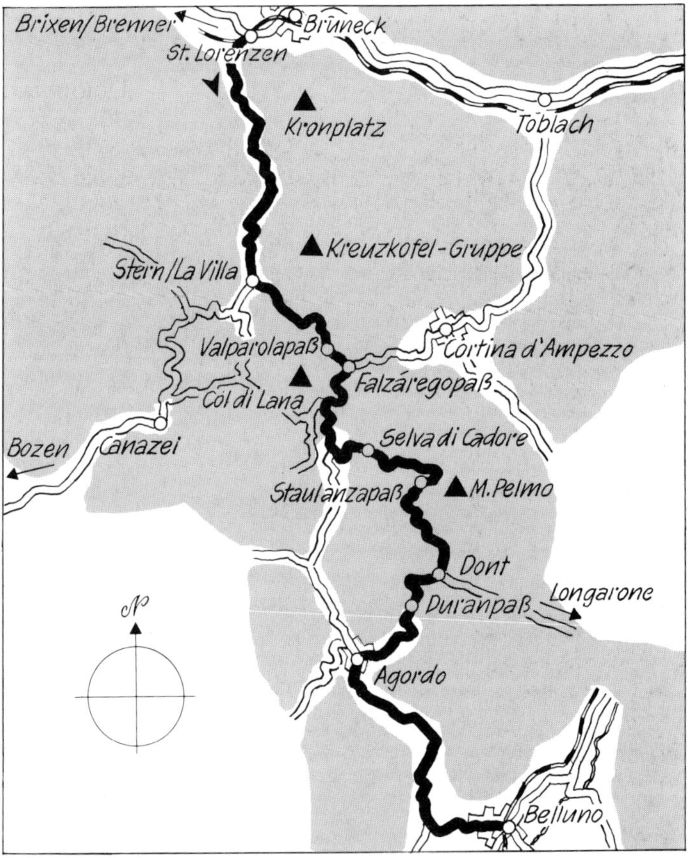

Brixen/Brenner
Brüneck
St. Lorenzen
Kronplatz
Toblach
Kreuzkofel-Gruppe
Stern/La Villa
Valparolapaß
Cortina d'Ampezzo
Falzáregopaß
Col di Lana
Canazei
Bozen
Selva di Cadore
Staulanzapaß
M. Pelmo
Dont
Longarone
Duranpaß
N
Agordo
Belluno

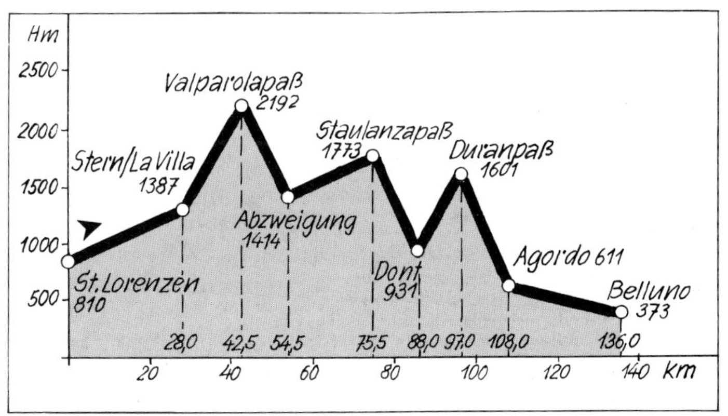

wechseln lange flache Abschnitte mit Auffahrten bis 10% ab, bevor man etwa auf Höhe eines Zeltplatzes (km 35,5) das steinige Bett des Gaderbaches überquert. Durch Lärchen- und Zirbenwald nähert sich die Straße kehrenreich mit gleichbleibenden 10% den zerklüfteten rötlichen Felswänden, weicht nach Norden aus und führt mit nicht nachlassender Schwierigkeit über einen geröllübersäten Hang zum Rifugio Valparola. Kurz darauf ist die Valparola-Paßhöhe (km 42,5) erreicht, und man fährt zwischen den Felsen des Kleinen Lagazuoi und des Hexensteins zur Falzárego-Paßhöhe (km 45,0) ab. Über 17 Kehren wird die Südrampe des Falzáregopasses, im oberen Teil mit schönen Ausblicken auf die Gletscher der Marmolada, überwunden und der bei Kehre 1 Richtung Belluno/Colle S. Lucia (km 54,5) abzweigenden Straße gefolgt. Die durch dichten Wald am Hang des Monte Pore weiter abfallende Straße bringt erneut zu einer Straßenkreuzung (km 59,5). Der Beschilderung »Selva di Cadore/Staulanza« folgend erreicht man auf mit 10% ansteigender Straße den Aussichtspunkt Belvedere (km 61,5) gegenüber der Civetta. Auf den Monte Pelmo zu fährt man bis Selva di Cadore (km 66,0) ab, bewältigt den 12%igen Anstieg durch den Ort und gelangt ohne größere Schwierigkeiten in ein reizvolles Hochtal zu Füßen des gezackten Nordgrates des Monte Pelmo (km 73,0). Über eine Kehrengruppe nimmt die Steilheit bis zur Paßhöhe (km 75,5) durch schönen Lärchenwald auf 10% zu. Eine lange Abfahrt unter der Ostseite der Civetta, an die sich die Untergruppe der Moiazza anschließt, durch das Zoldotal endet scharf abbremsend am Ortsschild von Dont di Zolda (km 88,0). Kurz abfahrend, der Beschilderung »Pso. Duran« folgend, sollte man bereits das größte Ritzel auflegen, denn gleich darauf führt die schmale Straße wie eine Rampe mit 15% durch dichten Mischwald bis Prado (km 89,0) nach oben. Steigungen zwischen 10 und 12% durch kleine Ortschaften bringen uns nach Chiesa (km 92,0), die Moiazza versperrt den Weg, und durch einen Waldgürtel windet sich die Trasse mit Anstiegen zwischen 10 und 12%, die kurz auch immer wieder 14% erreichen, bis zum freundlichen Wiesensattel der Duran-Paßhöhe (km 97,0). Schwierigkeiten warten nun keine mehr. Im oberen Teil schmal und kurvig, mit Gefälle bis 15%, rollt es bis Agordo (km 108,0) im Cordevoletal ständig abwärts. Der breiten Schlucht, die der Cordevole in jahrtausendelanger Arbeit geschaffen hat, folgend geht es auch weiterhin meist leicht abwärts. Hinter Peron (km 128,5) treten die Berge zurück, fast toskanisch mutet die vor uns liegende Hügellandschaft an, und nach Mas (km 130,5) trennt nur noch ein längerer, aber leichter Anstieg von Belluno (km 136,0).

18 Auf die Seiser Alm

Dolomiten

Strecke Waidbruck – St. Valentin – Seiser Alm – Saltner Schwaige – St. Ulrich – Panider Sattel – Kastelruth – Waidbruck

Charakter Mittelschwere Radtour mit maximal 15% Steigung zur größten Alm Europas

Zeit 3 ¼–4 ½ Stunden

Länge 52,5 km

Höhendifferenz 1590 m

Übersetzung 42/26

Ausgangspunkt Waidbruck (468 m), Autobahnausfahrt Klausen

Karte KOMPASS Wanderkarte 1:50 000, Blatt 54

Befahrbarkeit Die Auffahrt zur Seiser Alm und über den Panider Sattel ist ganzjährig möglich; der Streckenabschnitt zwischen der Saltner Schwaige und St. Ulrich wird im Winter nicht geräumt und ist deshalb je nach Schneelage meist erst ab Anfang April befahrbar

Streckenbeschreibung Die Seiser Alm, ein riesiges Wiesenplateau zwischen Schlern und Langkofel, ist mit einer Fläche von 60 km^2 nicht nur die größte Alm Europas, sondern auch eine der schönsten. Für den Radler bietet sich die Möglichkeit, dieses reizvolle Gebiet auf gut ausgebauter Straße zu besuchen, und, wenn er bereit ist, dafür ein fast 4 km langes unbefestigtes Straßenstück in Kauf zu nehmen, einen Abstecher in das benachbarte Grödner Tal zu machen, um den Rückweg entweder über den weniger bekannten Panider Sattel oder durch das Grödner Tal anzutreten.

In Waidbruck (km 0,0) überquert man auf der Starzer Brücke den Eisack und folgt den Hinweisschildern »Kastelruth/Seiser Alm«. Auf schmaler Straße, eingezwängt zwischen der Autobahnböschung und den Eisenbahnschienen, wird der Ort verlassen, die Straße verbreitert sich und wird langsam bis zu 11% steil. Bereits hoch über dem Eisacktal zeigt ein Schild (km 3,5) den Beginn zweier Kehren an und ein weiteres die Zunahme der Steigung auf 13%. Durch einen 90 m langen unbeleuchteten Tunnel radelt man in einen klammartigen Felsdurchbruch ein, und auf einer Länge von fast 1 km nimmt die Steilheit sogar auf 15% zu, bevor sie am Klammende (km 5,5) wieder auf 13% zurückgeht. Bis zur Gemeindegrenze von Kastelruth (km 6,5) hält diese Steigung an, weit voraus taucht die Santnerspitze auf, mit der der Schlernblock nach Süden abbricht, und die Straßenkreuzung Kastelruth/Seiser Alm (km 8,0) wird bei auf 10% zurückgehender Steigung erreicht. Der Beschilderung »Seiser Alm« nach folgt man gleich darauf der in das Gemeindegebiet von St. Valentin abzweigenden Straße und radelt auf die bewaldeten Bergkuppen zu.

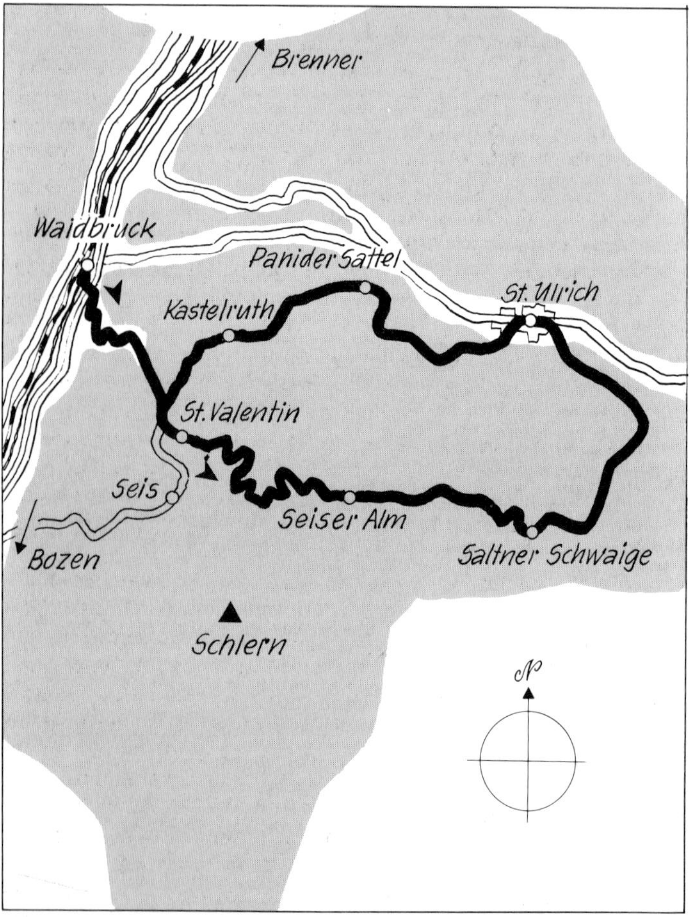

Brenner
Waidbruck
Panider Sattel
St. Ulrich
Kastelruth
St. Valentin
Seis
Seiser Alm
Saltner Schwaige
Bozen
Schlern
N

Hm
2000
1500
1000
500
Seiser Alm
1844
Panider Sattel
1442
St. Ulrich
1236
Waidbruck
468
Waidbruck
468
17,5
31,0
37,0
52,5
10
20
30
40
50
60
km

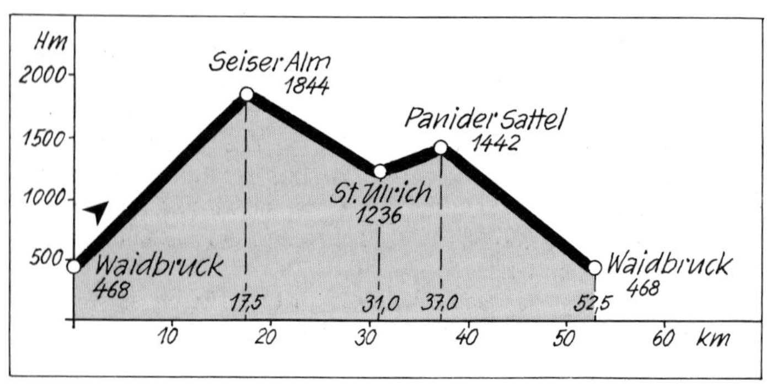

Zwischen grünen Wiesen mit weitverstreuten Häusern und alten Bauernhöfen wechseln bis zum Ortsende (km 11,0) 10%ige Anstiege mit längeren flacheren Abschnitten ab. Wald nimmt uns auf, die Steigung auf 11% zu, und mehrere Kehrengruppen gewährleisten immer wieder schöne Rückblicke auf die grüne Hügellandschaft unter uns. Beim Restaurant Frommer (km 15,5) wird die Waldgrenze überfahren, drei Kehren sind noch zu überwinden, bevor man mit nachlassender Steilheit in die weite Hochfläche der Seiser Alm einradelt. Kaum überblickbar ist die schier unendliche Fläche sanft gewellter Almwiesen, die im Süden vom riesigen Block des Schlern begrenzt wird, während vor uns die Langkofel-Gruppe über Wiesenhängen auftaucht. Für die Autofahrer ist bei den Hotels (km 17,5) die Weiterfahrt zu Ende, und so kann der Radler ungestört dem leicht in den Naturpark Schlern ansteigenden Sträßchen folgen und zwischen einer alpinen Flora, wie sie reichhaltiger kaum ein zweites Mal zu finden ist, das sich immer prächtiger ausweitende Panorama genießen. Am höchsten Punkt der Straße (km 20,5) zeigt sich der Langkofel von seiner eindrucksvollsten Seite. Wer hier auf kurviger, teils schlechter Straße zu den Gasthäusern in der Saltner Schwaige (km 23,0) abfährt, sei gewarnt, denn ein Weiterweg ist nur über ein 4 km langes, unbefestigtes Wegstück möglich. Wer diese Tortur seinen schmalen Reifen zumuten möchte, folgt dem Weg mit den Hinweisschildern Brunelle/Grödner Tal, rollt im Schrittempo am Bach entlang abwärts, überquert diesen an der nächsten Holzbrücke und schiebt das Rad eine etwa 200 m lange 12%ige Steigung hoch. Wieder vorsichtig abfahrend ist man bei der Häusergruppe von Überwasser (km 27,0) dann froh, endlich Asphalt unter die Reifen zu bekommen und bremst sich über ein kurviges, schmales Sträßchen, an einer Abzweigung dem Schild »Streda Minert« folgend, nach St. Ulrich (km 31,0) hinunter. Unmittelbar nach einem längeren beleuchteten Tunnel am Ortsende (km 32,0) folgt man der nach Kastelruth abzweigenden Straße, die auf eine Länge von fast 2 km mit 14% anzusteigen beginnt. Nach einem ebenen Stück wird ein Bach überquert (km 34,5), und ein Schild signalisiert den Beginn einer 15%igen Steigung. An den Wiesenhängen der linken Talseite wird dieses Maximum zwar nur kurz erreicht, dafür geht die Steilheit bis zur Paßhöhe (km 37,0) aber auch nur kurz unter 12% zurück. Eine lange Abfahrt mit teilweise mäßigem Gefälle bringt nach Kastelruth (km 42,5). Kurz steigt die Straße mit 8% durch den Ort an, und an der nächsten Straßenkreuzung trifft man wieder auf die Auffahrtsstrecke, die man diesmal in umgekehrter Richtung bis zum Ausgangspunkt (km 52,5) rasch bewältigt.

Hinweis: Zwischen der Saltner Schwaige und Überwasser ist die Straße auf einer Länge von 4 km nicht befestigt.

19 Die Sella-Runde

Dolomiten

Strecke Wolkenstein – Hotel Miramonti – Grödner Joch – Corvara/Kurfar – Campolongopaß – Rèba/Arabba – Pordoijoch – Sellajoch – Wolkenstein

Charakter Mittelschwere Radtour mit maximal 11% Steigung im Zentrum der Dolomiten

Zeit 4–5 Stunden

Länge 57 km

Höhendifferenz 1980 m

Übersetzung 42/23–26

Ausgangspunkt Wolkenstein im Grödner Tal (1563 m)

Karte KOMPASS Wanderkarte 1:50 000, Blatt 55

Befahrbarkeit Ganzjährig befahrbar

Streckenbeschreibung Die Sella ist ein mächtiger Gebirgsstock, der mit seinen auf allen Seiten schroff und senkrecht abfallenden Felswänden einer Riesenburg gleichend, im Herzen des ladinischen Teils der Dolomiten thront. Vier breite, tiefeingeschnittene Täler trennen die Sella von den benachbarten Berggruppen, und vier Pässe ermöglichen eine recht komfortable Umrundung, die somit zu den bekanntesten und beliebtesten Radtouren in den gesamten Dolomiten zählt.

Günstigster Ausgangspunkt ist die reizvoll in einem langgestreckten Wiesenboden im obersten Grödner Tal gelegene Ortschaft Wolkenstein (km 0,0), über der sich die Wände und Spitzen von Stevia, Puez, Sella und Langkofel erheben. Über eine Kehre mit auf 10% ansteigender Straße wird der Ort verlassen, bald geht der Wald zurück, und man radelt in eine prächtige Hochgebirgswelt ein. An der Straßenkreuzung beim Hotel Miramonti (km 3,5) folgt man der nach links zum Grödner Joch abzweigenden Strecke, die sich über mehrere Kehren mit 8% durch grüne Almmatten nach oben windet. Rückblickend zeigt sich die Ostwand des Langkofels, eine der gewaltigsten Dolomitenwände überhaupt, beinahe 1000 m hoch und über 2 km lang. Beim Hotel Gerard (km 5,5) folgt ein fast 2 km langes Flachstück entlang der Sella-Nordseite. Eine weitere Kehrengruppe mit wieder auf 8% zunehmender Steigung bringt dann rasch zu den Hotels auf der Paßhöhe (km 9,5), wo eine lange Abfahrt mit Gefälle bis 12% in den italienischen Teil der Dolomiten, nach Corvara (km 19,5), hinabführt. Während die Felsbarriere des Saß Songher das Tal nach Süden abzuschließen scheint, folgt man der über einen grünen Wiesenhang mit 10% zum Campolongopaß aufwärts führenden Straße. Am Ende einer Kehrengruppe (km 21,5) nimmt die Steigung bereits merklich ab. Rückblickend zeigen sich die Spitzen der Fanes-Gruppe, und kurz unter der Paßhöhe kann man sogar weit

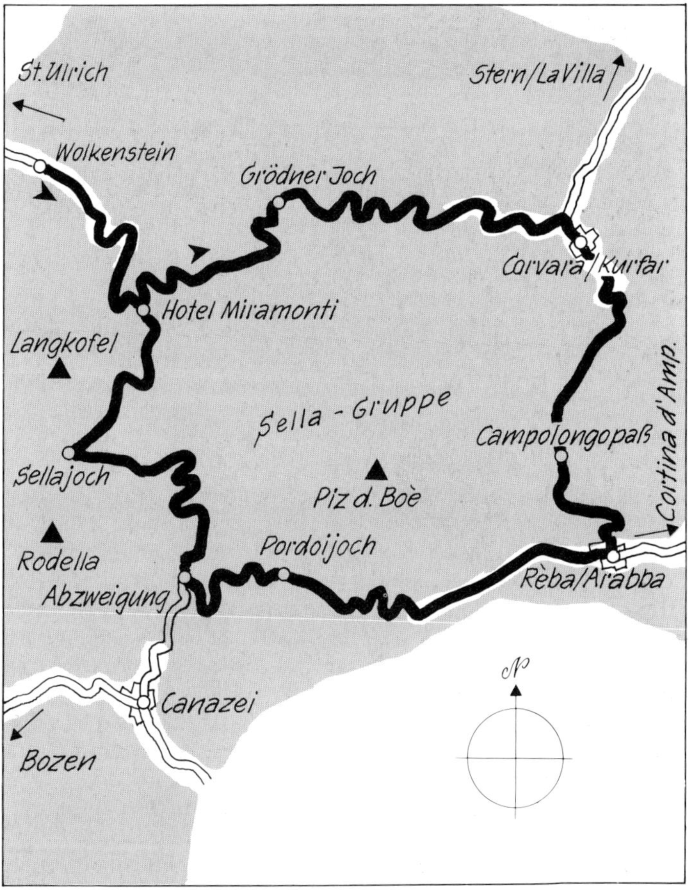

St. Ulrich
Stern/La Villa
Wolkenstein
Grödner Joch
Corvara/Kurfar
Hotel Miramonti
Langkofel
Cortina d'Amp.
Sella-Gruppe
Campolongopaß
Sellajoch
Piz d. Boè
Rodella
Pordoijoch
Rèba/Arabba
Abzweigung
Canazei
Bozen
N

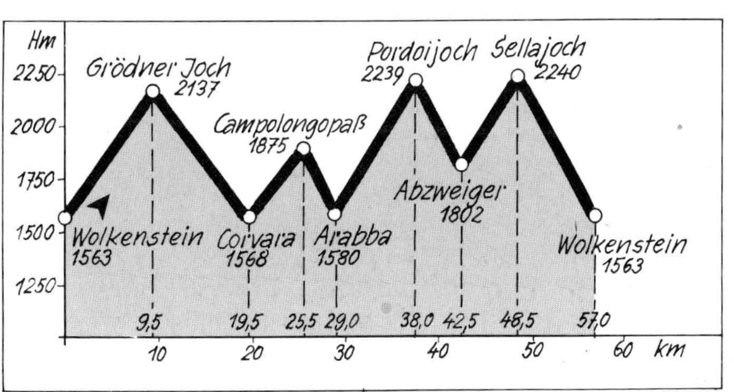

zurück im Süden die schneebedeckten Spitzen der Zillertaler Alpen erkennen. Die reizvoll zwischen weiten Almweiden unter der Sella-Westseite gelegene Paßhöhe (km 25,5) bietet keine große Aussicht, diese eröffnet sich erst im unteren Teil der mit 10% in das Buchenstein, wie das oberste Tal des Cordevole genannt wird, abfallenden Straße. Im Südosten ist der turmartige Felsbau des Monte Pelmo über bewaldeten Bergrücken zu erkennen und unter uns der Verlauf der zwischen dem dunklen Kamm der Padonberge und den hellen Felswänden der Sella-Südseite zum Pordoijoch emporführenden Straße bereits zu verfolgen. In Arabba (km 29,0) ist es mit dem Bergab zu Ende, dafür steht die kehrenreiche Auffahrt zur Pordoi-Paßhöhe bevor. Noch im Ort, bei Kehre 1, beginnt die Straße mit 8% anzusteigen und behält diese auf den folgenden 33 Kehren bis zur Paßhöhe gleichmäßig bei. Glücklicherweise folgen die Kehren meist unmittelbar aufeinander und bringen uns so schneller, als es die große Zahl vermuten läßt, nach oben. Auf der Paßhöhe (km 38,0) kann man die Aussicht auf die Berge über dem Fassatal mit dem Rosengarten im Westen oder die Ampezzaner Dolomiten im Osten mit einer Seilbahnfahrt auf den Saß Pordoi noch um ein Vielfaches steigern. Die Sicht umfaßt nicht nur den größten Teil der Dolomiten, sondern reicht an klaren Tagen sogar vom Ortler bis zu den Julischen Alpen. Aber auch das reichgegliederte Bergmassiv des Langkofels mit seinen tiefen Scharten, breiten Türmen und spitzen Pfeilern, das sich langsam auf der nachfolgenden Abfahrt zu erkennen gibt, ist zweifellos ein landschaftlicher Höhepunkt der Tour. Deutlich sind die massige Grohmannspitze mit der anschließenden Fünffingerspitze und das durch die Langkofelscharte getrennte Langkofeleck zu unterscheiden, bevor uns lichter Lärchenwald aufnimmt und bei der Abzweigung zum Sellajoch (km 42,5) die letzte Auffahrt dieser Tour bevorsteht. Über zwei Kehren nimmt die Steigung wieder auf 8% zu, die fast 800 m hohe, senkrechte, von einem breiten Band durchzogene Westwand der Pordoispitze ist nunmehr die beherrschende Berggestalt, und am Albergo Pian Ciavanais vorbei nimmt die Steilheit etwas ab. Am Beginn einer Kehrengruppe unter den glatten Wänden des Piz Ciavázes nimmt die Steigung über teilweise kopfsteingepflasterte Kehren wieder bis auf 11% zu. Die Firnfelder der Marmolada zeigen sich neben den plattengepanzerten Kalkwänden der Vernel-Gruppe, vor uns rücken wie in einem Fensterrahmen wieder die Spitzen der Langkofel-Gruppe näher, und langsam wird auch die Paßhöhe (km 48,5) erreicht. Die Aussicht vom schönsten aller Dolomitenpässe ist sicherlich nochmals einen längeren Aufenthalt wert, bevor man, vorbei an den Felstrümmern der »Steinernen Stadt« unterhalb der Langkofelscharte, endgültig zum Ausgangspunkt (km 57,0) abfährt.

20 Über den Valparolapaß

Dolomiten

Strecke Corvara – Stern/La Villa – Valparolapaß – Falzáregopaß – Andraz – Arabba – Campolongopaß – Corvara

Charakter Leichte Radtour mit maximal 10% Steigung als Alternative zur Sella-Runde

Zeit 2 ¾–3 ½ Stunden

Länge 51,5 km

Höhendifferenz 1110 m

Übersetzung 42/23

Ausgangspunkt Corvara (1568 m)

Karte KOMPASS Wanderkarte 1:50 000, Blatt 59

Befahrbarkeit Ganzjährig befahrbar

Streckenbeschreibung Östlich des Sellastocks ragen in einiger Entfernung die Berge der Fanes-Gruppe und die Tofanen auf. Dazwischen liegt eine mittelgebirgsartige Hügellandschaft, deren höchste Erhebung in der mehr als 2500 m hohen, felsigen Settsass gipfelt. Mehrere Täler trennen dieses Gebiet zwar geographisch von den benachbarten Regionen, bieten dafür aber wiederum die Möglichkeit, diese durch Straßen miteinander zu verbinden. Der Rundtour, die sich dadurch ermöglicht, fehlt zwar der fast ständige Höhepunkt, den die Sella von allen Seiten bietet, sie stellt aber mit den vielfältigen Einblicken, die sich immer wieder in dieses Felsreich zeigen, eine durchaus reizvolle und lohnende Alternative zur Sella-Runde dar.
Von Corvara (km 0,0) rollt man das gleichnamige Tal auswärts Richtung Bruneck bis zur nächsten Ortschaft Stern/La Villa (km 3,0) erst einmal abwärts und folgt in der Ortsmitte (km 4,5) der Beschilderung »St. Kassian/Valparolapaß«. Noch im Ort fällt die Straße kurz ab, um dann zwischen grünen Wiesen auf die Wände und Zacken der Fanes-Gruppe zu auf 10% anzusteigen. Schon am Ortsende (km 5,0) geht die Steigung zurück, und auf mäßig ansteigender Straße wird St. Kassian (km 6,5) erreicht. Im Vordergrund weiten sich die Berge aus, und auch die Paßhöhe am Fuße des Kleinen Lagazuoi ist bereits zu erkennen. Die am Ortsende ansetzende 10%ige Steigung hält ebenfalls nur kurz an, und auf fast ebener Straße radelt man zu der Hotelgruppe von Armentarola (km 10,0). Weiter hält sich die Strecke auf der Talsohle, über eine neue Betonbrücke (km 11,0) wird das breite Schotterbett des Gaderbaches überquert, dann nimmt uns der Sareswald auf. Zwischen Lärchen- und Kiefernbäumen nähert man sich auf mit 10% bergwärts führender Straße den gelbroten, zerklüfteten Steilwänden der Cunturinesspitze. Bei nicht nachlassender Steigung weicht die Straße nach Süden aus, der Wald geht zurück,

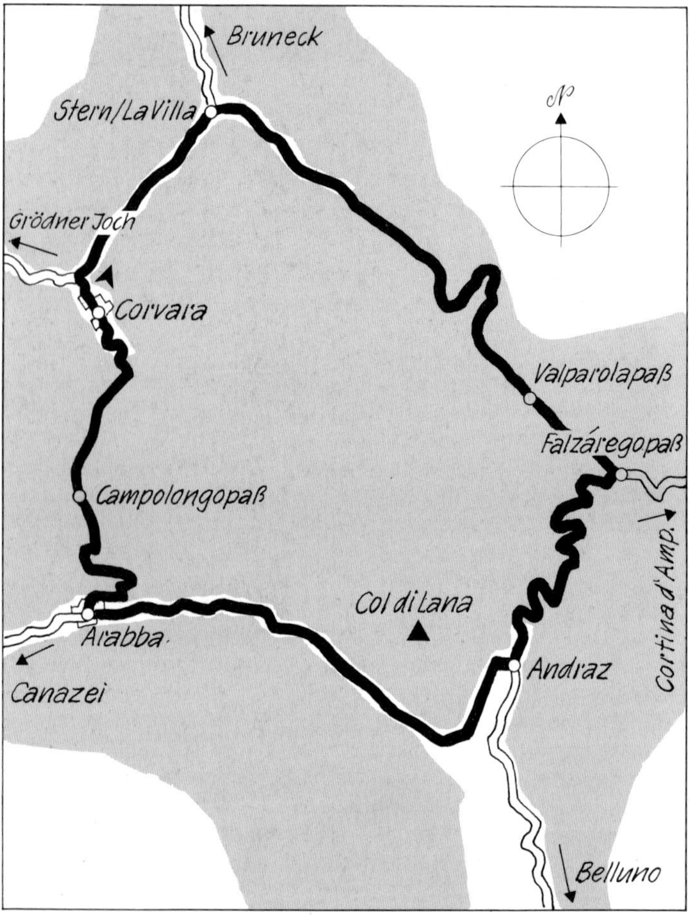

Bruneck
Stern/La Villa
N
Grödner Joch
Corvara
Valparolapaß
Falzáregopaß
Campolongopaß
Col di Lana
Arabba
Canazei
Andraz
Cortina d'Amp.
Belluno

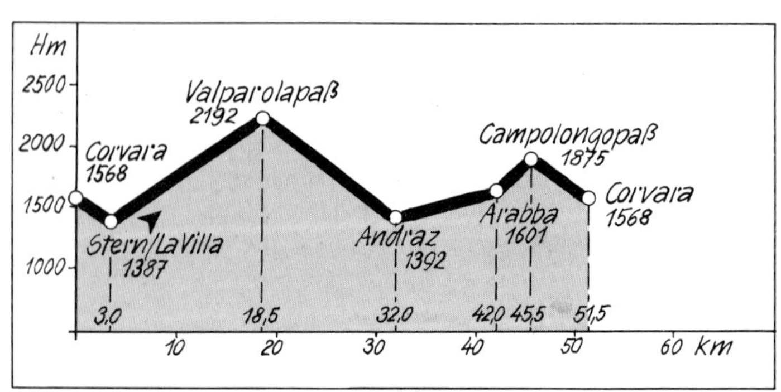

und mehrere Kehren durch kahles, felsiges Gelände ziehen sich bis zum Rifugio Valparola (km 18,5). Am kleinen, in einer felsigen Mulde gelegenen Valparolasee vorbei, rückblickend Saß Songher und ein Teil der Sella-Gruppe, fällt die Straße mit Blick auf den turmartigen Averau bis zur Falzárego-Paßhöhe (km 20,5) ab. Die Abfahrt über die 17 Kehren auf der Südrampe des Falzáregopasses eröffnet den Blick auf die Schneefelder der Marmolada bis zur Pala-Gruppe weit im Südwesten. An der Abzweigung Belluno/Selva di Cadore (km 30,5) vorbei rollt man noch etwas abwärts, bevor die Strecke vorbei am Dorf Andraz (km 32,0), etwas unterhalb der Straße gelegen, wieder anzusteigen beginnt. Hier im Buchenstein, wie dieser Talabschnitt genannt wird, treibt eigentlich nichts zur Eile, denn große Schwierigkeiten sind nicht mehr zu erwarten. Um so mehr Zeit bleibt, den Blick nach links über das Tal des Cordevole zur gewaltigen Civettawand oder über die schneebedeckten Firnhänge der Marmolada im Vordergrund schweifen zu lassen. An den bewaldeten Südhängen des Col di Lana steigt die Trasse bis Pieve (km 34,5), von langen flachen Stücken und leichten Abfahrten unterbrochen, nur leicht an. Auch nach dem Ort ändert sich am Straßenverlauf nichts, nur die Marmolada als beherrschende Berggestalt wird von der langsam näherrükkenden Sella-Ostseite verdrängt. Erst kurz vor Arabba nimmt die Steigung auf 8% zu, und im Ort wird (km 42,0), der Beschilderung »Campolongo/Corvara« folgend, der letzte Anstieg in Angriff genommen. Über einen Wiesenhang führt die Straße mit 8% aus der Ortschaft heraus und nach Varda (km 43,0) hinauf. Drei Kehren mit auf 10% zunehmender Steigung eröffnen den Ausblick auf Col di Lana, dahinter den felsigen Monte Pelmo und im Westen den Padonkamm und die zum Fedáiapaß hinaufführende Straße. Die Steigung geht teilweise wieder auf 8% zurück, eine kleine Bergkuppe versucht, den Blick auf die Ostwand der Sella zu verstellen, und nach einer weiteren Kehrengruppe mit abermals 10% liegt auch schon die Paßhöhe (km 45,5) vor uns. Auf der blumenübersäten Wiesenfläche unter der Pralongia bietet der Albergo Monte Cherz nochmals Gelegenheit für eine Rast, bevor die Straße mäßig abzufallen beginnt. Kurz sind weit im Norden die schneebedeckten Spitzen der Zillertaler Alpen zu erkennen, bevor die Wände der Fanes-Gruppe wieder über den Wäldern und Wiesen auftauchen. Über zwei Kehren nimmt das Gefälle auf 10% zu, aber der sehr schlechte Straßenzustand erfordert eine eher verhaltene Fahrweise. Der Saß Songher, das Wahrzeichen Corvaras, wird sichtbar und kurz darauf auch der grüne Talboden mit den Häusern des Ortes, zu denen eine weitere Kehrengruppe hinunterführt (km 51,5).

21 Um die Cristallo-Gruppe

Dolomiten

Strecke Cortina d'Ampezzo – Tre-Croci-Paß – Misurina – Schluderbach – Cimabanche-/Gemärkpaß – Cortina d'Ampezzo

Charakter Leichte Radtour mit maximal 11% Steigung über Tre-Croci-Paß und Strada d'Alemagna

Zeit 1 ¾–2 ½ Stunden

Länge 37,5 km

Höhendifferenz 930 m

Übersetzung 42/23–26

Ausgangspunkt Cortina d'Ampezzo (1211 m)

Karte KOMPASS Wanderkarte 1:50 000, Blatt 55

Befahrbarkeit Ganzjährig befahrbar; Auffahrt zur Drei-Zinnen-Bergstraße nur zwischen 1. Juni und 30. September möglich

Streckenbeschreibung Die Cristallo-Gruppe, die sich nördlich von Cortina d'Ampezzo erhebt, zählt mit ihren von Eisrinnen durchzogenen Wänden und zerklüfteten Spitzen sicherlich zu den wildesten Berggruppen der Dolomiten. Die sie umrundende Radtour stellt dennoch keine allzugroßen Anforderungen an die Kondition, so daß Cortina d'Ampezzo als Tourenstützpunkt allen Ansprüchen gerecht werden kann.

Der Ort (km 0,0) wird diesmal in östlicher Richtung, der Beschilderung »Misurina/Auronzo« folgend, auf mit 8% ansteigender Straße verlassen. Am Ortsende nimmt die Steigung über einen Wiesenhang auf 11% zu und geht bis zum Ristorante Lago Scin (km 3,5) nur einmal kurz zurück. Durch lichten Lärchenwald schlängelt sich die Straße weiter mit 9 bis 11% bis zur Talstation eines Sessellifts (km 6,5) nach oben. Der Wald geht zurück, die Straße nähert sich bei gleichbleibender Steigung den Felswänden des Monte Cristallo, und rückblickend hat man den wohl schönsten Blick auf die Berge südwestlich des Ampezzaner Tales. Aus den Wiesen und Wäldern über dem dichtbesiedelten Talboden erhebt sich die Gruppe der Tofanen, daran anschließend, durch den Einschnitt des Falzáregopasses getrennt, der Col di Lana, hinter dem Nuvolau blinken die Schneefelder der Marmolada, die Zacken der Croda da Lago sind zu erkennen und der Riesenturm des Monte Pelmo. Gleich darauf ist die Paßhöhe (km 8,0) beim Hotel Tre Croci auch schon erreicht, und der anstrengendste Teil der Tour liegt hinter uns. Mit 12% fällt die Straße ab, im Süden weitet sich der Blick auf die Sorapis-Gruppe, die sogar einen kleinen Gletscher einschließt. Ein längeres Flachstück unterbricht nun unsere Abfahrt. Bis zur Straßenkreuzung Misurina/Auronzo (km 12,0) fällt die Straße wieder stärker ab, die Marmarole-Gruppe schließt sich an den Sorapiswall an, und vor uns sind die Ausläufer

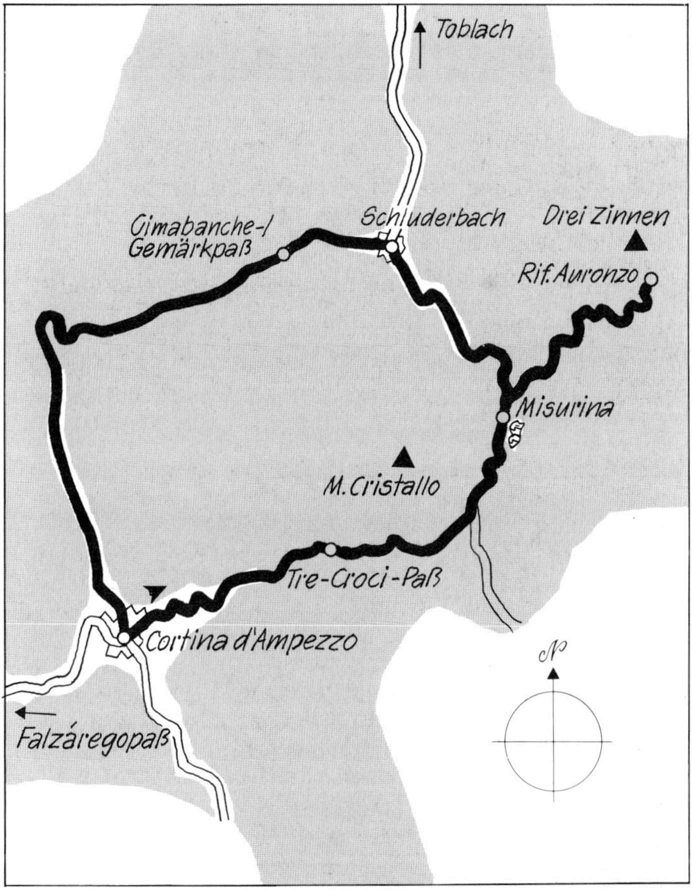

Toblach
Cimabanche-/
Gemärkpaß
Schluderbach
Drei Zinnen
Rif. Auronzo
Misurina
M. Cristallo
Tre-Croci-Paß
Cortina d'Ampezzo
Falzáregopaß
N

Hm
2000
1750
1500
1250
1000
Tre-Croci-Paß
1809
Misurina
1756
Abfahrt
1509
Gemärkpaß
1518
Schluderbach
1437
Cortina d'A.
1211
Cortina d'Ampezzo
1211
8,0
12,0
13,5
21,0
24,5
37,5
10
20
30
40
km

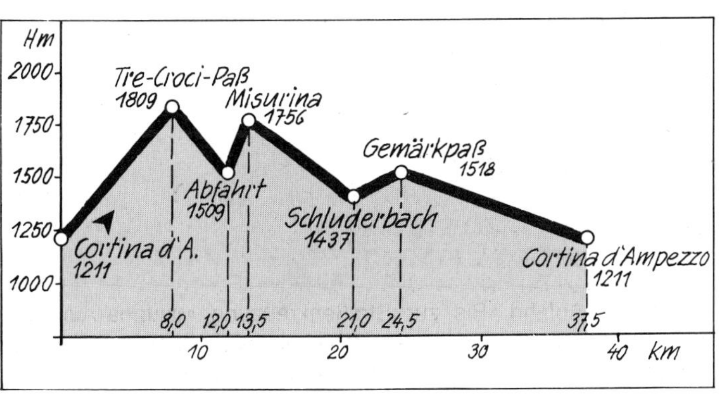

der Cadini-Gruppe zu erkennen. Der 12%ige Anstieg, mit dem sich die Straße Richtung Misurina aufschwingt, hält nur wenige hundert m an, geht dann auf 8% und auf der Hochebene von Misurina noch weiter zurück. Der Ortsanfang von Misurina (km 13,5) und der gleichnamige See, in dem sich die Zacken und Nadeln der Cadini-Gruppe spiegeln, wird auf ebener Straße erreicht. Im Vordergrund ragen die Westliche und Große Zinne auf, zu der eine kurz nach dem See-Ende abzweigende Straße hinaufführt (siehe Beschreibung Abstecher). Wem 16% Steigung auf fast 7,5 km zu viel sind, kann es durchaus gemütlicher haben: Zwischen grünen Wiesen rollt es auf dem Hochplateau auf ebener Trasse weiter, bevor die Straße unvermittelt (km 16,0) mit Gefälle bis 11% abbricht. Im Nordwesten ist der rotgebänderte Felsaufbau der Hohen Gaisl zu sehen, und erst in Schluderbach (km 21,0) ist unsere Abfahrt zu Ende. Kurz zeigt sich hier der Monte Cristallo von seiner beeindruckendsten Seite, bevor man mit der auf 4% ansteigenden Straße zurück nach Cortina d'Ampezzo dem uralten Handelsweg der Strada d'Alemagna folgt. Nach Überqueren des Schotterbetts des Rio Canoppi (km 23,5) geht die Steigung zurück, und auf ebener Straße wird der Passo Cimabanche/Gemärkpaß (km 24,5) zu Füßen der Hohen Gaisl fast unbemerkt überfahren. Bis zum Gasthof Ospitale (km 28,0), einem ehemaligen Hospiz, das bereits im 13. Jahrhundert gegründet wurde, fällt die Straße über lange ebene Abschnitte nur mäßig ab. Auch nach dem Gasthof hält sich die Strecke noch etwas eben, bevor sie sich über zwei enge Kehren mit 8% in das Ampezzaner Tal absenkt. Kurz erblickt man die plattige Ostwand des Monte Vallon Bianco über dem Fanestal, energisch wendet sich die Straße nach Süden, und zwischen dem steinigen Bachbett des Boite und der Mauer des Pomagagnonzuges kehrt man auf ebener Strecke zum Ausgangspunkt (km 37,5) zurück.

Abstecher zur Drei-Zinnen-Bergstraße (+ 7,5 km, + 669 Hm, + ¾ bis 1¼ Std.). Der Beschilderung »Tre-Cime-de-Lavaredo« folgend beginnt die Straße hinter dem Ristorante Ginzernella über eine Kehrengruppe bis zum Lago Antorno (km 1,5) auf 16% anzusteigen. Auf die Westliche und Große Zinne zu fällt die Trasse bis kurz nach der Mautstelle (km 3,0) ab, um dann sofort wieder auf 16% anzuziehen. Bis km 16,0 hält die Steigung fast unvermindert an. Am Fuße der Westlichen Zinne ist das Rifugio Auronzo (km 7,5) bereits zu erkennen, das man über eine weitere Kehrengruppe bei kaum unter 14% zurückgehender Steigung erreicht. Die berühmten Nordwände der Drei Zinnen sind von hier zwar nicht einsehbar, aber der prächtige Rundblick, der vom Dürrenstein im Nordwesten über die Hohe Gaisl, Fanes- und Cristallo-Gruppe im Westen, die Cadini- und Marmarole-Gruppe im Süden bis zum Zwölferkogel im Osten reicht, ist die Auffahrt zweifellos wert.

22 In den Ampezzaner Dolomiten

Dolomiten

Strecke Cortina d'Ampezzo – Falzáregopaß – vor Selva di Cadore – Giaupaß – Pocol – Cortina d'Ampezzo

Charakter Mittelschwere Radtour mit maximal 12% Steigung über Falzárego- und Giaupaß

Zeit 3¾-5 Stunden

Länge 61 km

Höhendifferenz 1820 m

Übersetzung 42/26

Ausgangspunkt Cortina d'Ampezzo (1211 m)

Karte KOMPASS Wanderkarte 1:50 000, Blatt 55

Befahrbarkeit Wegen Wintersperre der Giau-Paßstraße ist die Strecke nur zwischen 1. Mai und 30. November befahrbar

Streckenbeschreibung Wem für die Große Dolomiten-Rundfahrt die Zeit oder noch die richtige Einstellung fehlt, kann von Cortina d'Ampezzo in einer kürzeren Tour den schönsten Teil der Ampezzaner Dolomiten kennenlernen. Nicht zu Unrecht wird behauptet, daß die Ampezzaner Berge den Höhepunkt der Dolomiten bilden, und wer einmal die Vielfalt der Gipfelformen, die das Tal von Ampezzo fast kranzförmig umschließen, gesehen hat, muß dem zustimmen. Der Pomagagnonzug, die Felsburg des Sorapis, die seltsamen Cinque Torri, der formschöne Antelao und die schneebedeckte Marmolada sind nur einige von ihnen, und die meisten davon wird man auf dieser Rundtour kennenlernen. Ermöglicht wird dies durch die nunmehr durchgehend asphaltierte Straße über den Giaupaß, der somit endlich auch von Radlern genutzt werden kann.
Richtung Falzáregopaß wird Cortina d'Ampezzo (km 0,0) auf windungsreich mit 11% ansteigender Straße verlassen. Vor allem die Berge im Osten – Pomagagnonzug, darüber die Cristallo-Gruppe, anschließend Sorapis und Antelao – fesseln bis zur Durchfahrung eines kleinen Felstunnels (km 3,5). Numerierte, teilweise mit Höhenangaben versehene Kehren mit 10% bringen uns in den Hotelort Pocol (km 5,5) hinauf, und im Vordergrund tauchen die gelb-rötlichen Südabstürze der Tofanen auf. Über den Wäldern der südlichen Talseite zeigen sich die Cinque Torri, deren mehrfach gespaltener Hauptturm mehrere kleinere Türme und Blöcke überragt. Ein fast 2 km langes ebenes Stück führt nahe an die Tofana di Rozes heran, wo die Straße wieder über eine Kehrengruppe bis auf 11% ansteigt. Der ohnehin lichte Lärchenwald geht zurück, die Aussicht erweitert sich immer mehr, und bald ist die Paßhöhe (km 16,5) am Fuße des Kleinen Lagazuoi erreicht. Eine Kehrengruppe mit einem kurzen unbeleuchteten Kehrentunnel erfordert unmittelbar nach der Abfahrt

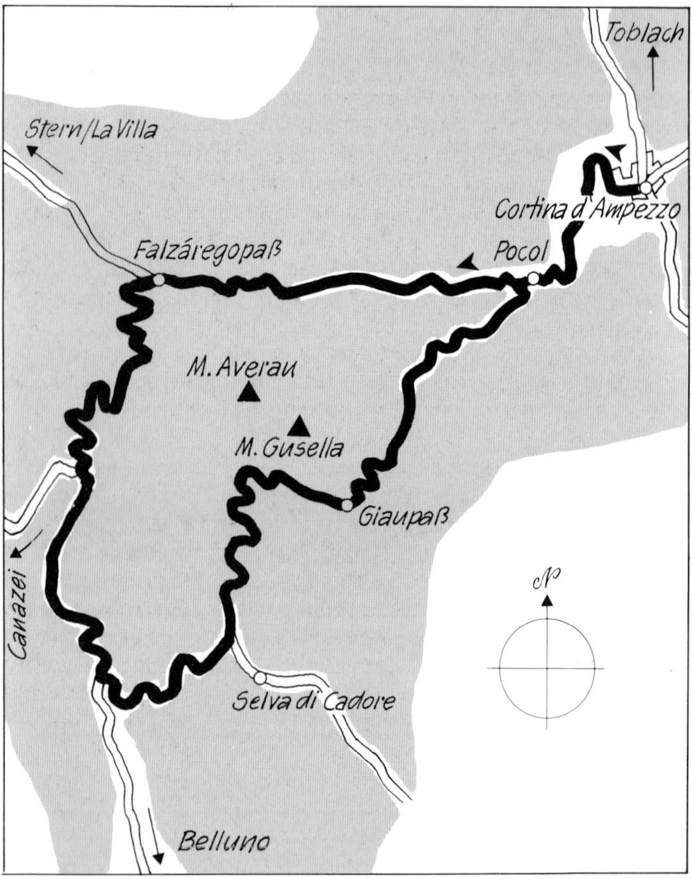

Toblach
Stern/La Villa
Cortina d'Ampezzo
Falzáregopaß
Pocol
M. Averau
M. Gusella
Giaupaß
Canazei
N
Selva di Cadore
Belluno

Hm
2250
2000
1750
1500
1250
1000
Falzáregopaß
2105
Giaupaß
2236
Abzweig.
1414
vor Selva
di Cadore
1335
Cortina d'A.
1211
Cortina d'A.
1211
16,5
26,0
37,5
47,5
61,0
10
20
30
40
50
60
70 km

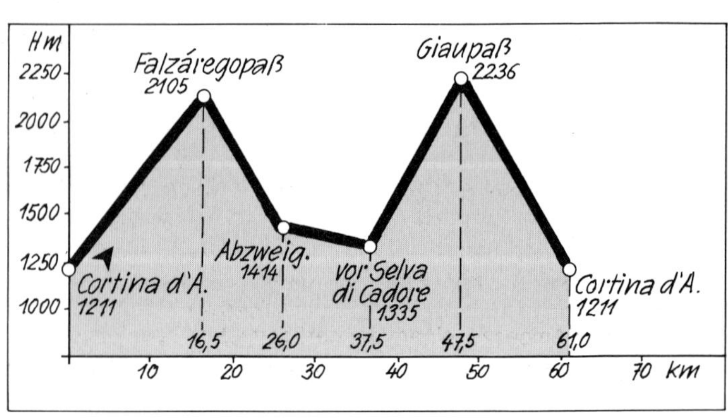

etwas Vorsicht, dann aber lassen die weit auseinandergezogenen, leicht überhöhten Kehren eine schnelle Abfahrt zu. Im Südwesten nimmt sich die Schneekuppe der Marmolada fast etwas fremdartig unter den umgebenden Felsbergen aus, und nur die Pala-Gruppe in weiter Ferne trägt ebenfalls vergletscherte Züge. Im unteren Teil der Abfahrt wird ein Wiesenhang in einer weiteren Kehrengruppe durchfahren. Kurz darauf folgt man der bei Kehre 1 (km 26,0) Richtung »Belluno/Colle S. Lucia« scharf abzweigenden Straße. An einem dicht bewaldeten Hang fällt sie anfangs leicht und hinter den Häusern von Collaz (km 29,5) etwas stärker ab. An der nächsten Kreuzung (km 31,0), die man unvermittelt erreicht, beginnt man, den Hinweisen »Selva di Cadore/Colle S. Lucia« folgend, auf mit 10% ansteigender Straße bereits die Rückfahrt. Bis zum Aussichtspunkt Belvedere (km 33,5) hält die Steigung an, und was sich vorher über hohem Nadelwald immer wieder kurz angedeutet hat, liegt nun vor uns: die fast 2000 m hoch aus dem Talboden aufsteigende Nordwestwand der Civetta, die gewaltigste Wand der Dolomiten. Durch Colle S. Lucia und Pian, dessen Kirche ein schönes Motiv zu dem weit dahinter aufragenden Riesenbau des Monte Pelmo bildet, fährt man bis zur Abzweigung zum Giaupaß (km 37,5) kurz vor Selva di Cadore ab. Viel Platz läßt das enge, doch keineswegs bedrückende Tal des Codalongabaches nicht, und so mußte von den Straßenbauern eine 12%ige Steigung gewählt werden, die auf den ersten 5 km auch kaum einmal nachläßt. Nach einem einzeln am Straßenrand stehenden Haus (km 42,5) weitet sich das Tal, gibt mehr Raum für die Trasse frei, deren Steigung bis zum Rifugio Fedare (km 44,5) dann auch teilweise bis auf 8% zurückgeht. Das bei der Auffahrt sichtbare Rifugio Nuvolau, im Einschnitt zwischen Averau und Nuvolau gelegen, deutet glücklicherweise nicht die Paßhöhe an, zu weit wäre sie noch von uns entfernt. Dafür wendet sich die Straße nach Osten und sucht sich ihren Weg durch zerfurchte Skihänge, wobei sie wieder auf 10% ansteigt. Auf der Paßhöhe (km 47,5) eröffnet sich eine Aussicht, die man hier nicht vermutet hätte und die sich bei der Abfahrt noch steigert. Zwischen freien Almböden fällt die Straße unter der Felsmauer des Formin-Zuges ab. Über der Paßhöhe erheben sich Gusella und Nuvolau, auch die Tofanen tauchen auf. Wald nimmt uns auf, und die engen Kehren erfordern bei 12%igem Gefälle fast ständiges Bremsen. In einem kleinen Talboden (km 57,0) steigt die Straße bis zur Einmündung in die vom Falzáregopaß kommende Straße, etwas oberhalb von Pocol (km 58,0), nochmals kurz auf 8% an. Sorapis und Antelao tauchen wieder auf und nach Durchfahrung des kleinen Felstores auch die weit im Talboden verstreuten Häuser von Cortina d'Ampezzo, einem der berühmtesten Fremdenverkehrszentren der Alpen, dessen Ortsanfang (km 61,0) kurz danach erreicht wird.

23 Zwischen Sella und Marmolada

Dolomiten

Strecke Canazei – Fedáiapaß – Arabba – Pordoijoch – Canazei

Charakter Mittelschwere Radtour mit maximal 10% Steigung um den Padonkamm

Zeit 3 ½–5 Stunden

Länge 69 km

Höhendifferenz 1730 m

Übersetzung 42/23

Ausgangspunkt Canazei (1468 m)

Karte KOMPASS Wanderkarte 1:50 000, Blatt 59

Befahrbarkeit Wegen Wintersperre der Fedáia-Paßstraße ist die Strecke nur zwischen 15. April und 15. Oktober befahrbar

Streckenbeschreibung Die Sella, diese riesige Felsburg, deren Wände an allen Seiten schroff und steil abfallen, ist die wohl bekannteste Berggruppe der Dolomiten. Südlich an die Sella, vom Sellajoch gut einsehbar, schließt sich die nicht minder gewaltige, jedoch zum größten Teil vergletscherte Marmolada an. Getrennt werden beide Massive von dem hauptsächlich aus dunklen vulkanischen Tuffen gebildeten Padonkamm, um den sich die beiden dicht unter Sella und Marmolada entlangführenden Paßstraßen über Fedáiapaß und Pordoijoch zu einer lohnenden Radtour verbinden lassen.
Ausgangspunkt ist der bekannte Wintersportort Canazei (km 0,0) im obersten Fassatal. Über den dunklen Wäldern nördlich der Stadt hebt sich schon der wuchtige Sellastock ab, aber günstiger erscheint es, die Tour der Beschilderung »Pso. Fedáia« folgend in südöstlicher Richtung zu beginnen. Durch die Vororte Alba und Penia hält sich die Straße noch eben im Talboden, steigt über eine kleine Talstufe (km 5,0) auf 8% an und führt in das langgestreckte Hochtal von Pian Trevisan. Bei mäßiger Steigung ist der Talschluß rasch erreicht, und vier Kehren mit 10% erweitern den Blick auf die hochaufragende Felskuppe der Roda di Mulon und die plattengepanzerten Felswände des Vernel und der Punta di Cornate auf der gegenüberliegenden Talseite. Am Ende der Kehrengruppe (km 9,5) folgt die erste einer Reihe von kurzen Lawinengalerien, durch die die Straße bei nicht nachlassenden 10% an den Hängen der Cima Crode Lariče ansteigt. Langsam tauchen auch die ersten Gletscherfelder, noch eingebettet in große Kare, auf, und nach einem etwa 300 m langen unbeleuchteten Tunnel radelt man in das durch den Fedáiastausee ausgefüllte Becken der Paßhöhe (km 11,5). Nicht nur den größten Gletscher trägt die Marmolada, sondern sie bildet mit der Punta di Penia (3342 m) zugleich auch die höchste Erhebung in den Dolomiten.

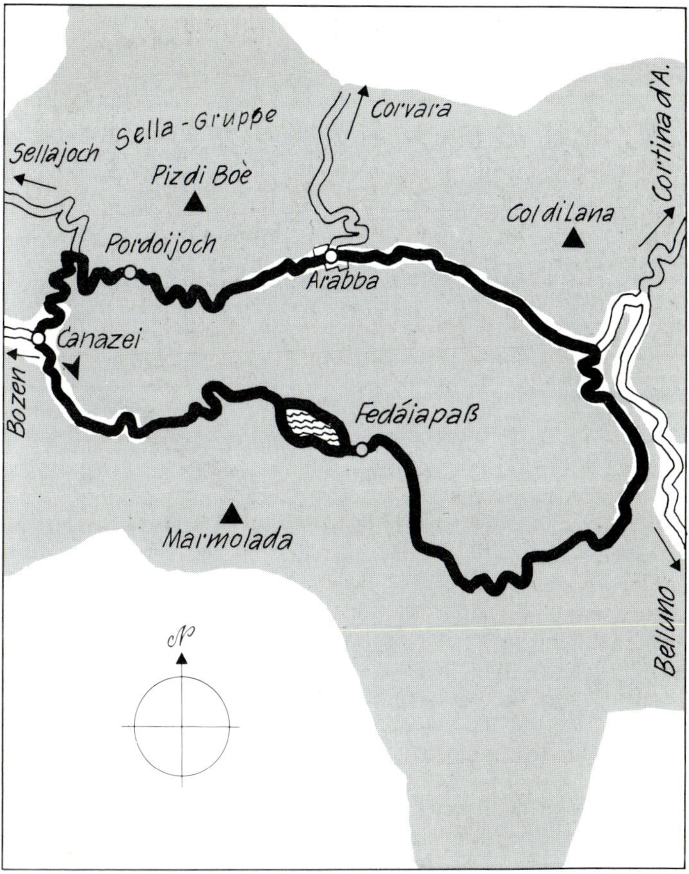

Sella-Gruppe
Sellajoch
Piz di Boè
Corvara
Cortina d'A.
Col di Lana
Pordoijoch
Arabba
Canazei
Bozen
Fedáiapaß
Marmolada
Belluno
N

Hm
1250
2000
1750
1500
1250
1000
Fedáiapaß
2057
Pordoijoch
2242
Canazei
1468
Arabba
1601
Canazei
1468
Abzweigung
Buchenstein
1352
Abzweigung
1103
14,0
27,5
36,5
47,5
57,0
69,0
10
20
30
40
50
60
70
km

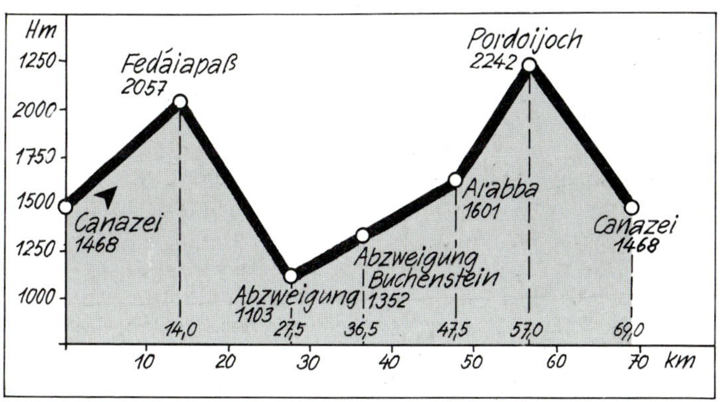

Welche der zwei um den See herumführenden Uferstraßen man wählt, bleibt gleich, beide führen eben zum östlichen Paßende beim Rifugio Fedáia (km 14,0). Der sich hier bietende Blick auf den oberen Teil der Civetta-Nordwestwand weit im Osten ist fast noch beeindruckender als die Gletscher der Marmolada. Anfangs mit Gefälle bis 15% rollt es zu den grünen Wiesen von Pian de Lobbia und weiter bis Malga Ciapela (km 19,0). Nach dem Ort nimmt uns ein Tunnel auf, an dessen Ausgang man kurz anhalten sollte, um einen Blick in die tief unten liegende Sottogudaschlucht zu werfen, zumal ohnehin ein kurzer 6%iger Gegenanstieg die Abfahrt bremst. Hinter Col di Rocca (km 24,5), vorbei an Rocca Piétore, erreicht man eine Kreuzung (km 27,5), an der man, der Beschilderung »Pso. Pordoi/Arabba« folgend, den Rückweg beginnt. Auf der linken Seite eines Talkessels steigt die Straße mit 10% an. Am Ende eines langen beleuchteten Tunnels (km 29,0) geht die Steilheit zurück, und auf fast ebener Straße radelt man durch einen weiteren Tunnel bis Digonera (km 31,0). Ein kurzer enger Tunnel führt aus dem Ort heraus, die Straße führt wieder mit 10% nach oben und behält diese Steigung bis zur Straßenkreuzung Arabba/Cortina (km 36,5) bei. Rückblickend verabschiedet man sich von der Civettawand und fährt der Beschilderung »Arabba/Pso. Pordoi« nach in das Buchenstein, wie das Tal des obersten Cordevole hier genannt wird, ein. Anfangs zeigt sich noch die Marmolada, dann ist es der wuchtige Sellastock, auf den man, durch mehrere kleine Ortschaften auf mäßig ansteigender, teilweise sogar leicht fallender Straße, zufährt. Erst kurz vor Arabba (km 47,5) nimmt die Steigung auf 9% zu, und im Ort beginnt man bei einem Kilometerstein mit der Aufschrift »1« die Auffahrt zum Pordoijoch. 33 solcher Steine wird man in den jeweiligen Kehren bis zur Paßhöhe (km 57,0) noch zu passieren haben, die Steigung beträgt von der ersten bis zur letzten Kehre gleichmäßige 9%. Die Abfahrt bietet anfangs schöne Ausblicke auf die Langkofel-Gruppe im Westen, dann läuft es in lichten Kiefern- und Lärchenwald hinein, der die Sicht auf die schwarz-gelb gestreiften Wandbauten der Sella-Südseite nicht verstellt. Ständig abfahrend kündigt die Pyramide des Collaz das Ende der Tour an, die Dächer von Canazei werden sichtbar und kurz darauf auch das Ortsschild (km 69,0).
Hinweis: Wegen der Tunnels bei der Auffahrt zum Fedáiapaß und der Weiterfahrt ins Buchenstein ist Beleuchtung notwendig.

24 Um die Civetta

Dolomiten

Strecke Caprile – Selva di Cadore – Staulanzapaß – Dont – Duranpaß – Agordo – Cencenighe – Caprile
Charakter Mittelschwere Radtour mit maximal 15% Steigung in den Östlichen Dolomiten
Zeit 4–5 ½ Stunden
Länge 77 km
Höhendifferenz 1840 m
Übersetzung 42/26
Ausgangspunkt Caprile (1023 m)
Karte KOMPASS Wanderkarte 1:50 000, Blatt 77
Befahrbarkeit Wegen Wintersperre der Duran-Paßstraße ist die Strecke nur zwischen 1. April und 30. November befahrbar

Streckenbeschreibung Die Civetta ist eine Berggruppe bestehend aus vier langen Graten, die sich an ihrem höchsten Punkt vereinen und an die sich verschiedene Vorbauten und Untergruppen anschließen. Schaustück dieser Gruppe ist die lotrecht aufstrebende Nordwestwand, die mit ihren ungeheuren Dimensionen auch in den Westalpen für Aufsehen sorgen würde. Das Massiv erstreckt sich über dem oberen Cordevoletal, das die Westlichen von den Östlichen Dolomiten trennt, und kann mit dem Fahrrad umrundet werden. Drei Pässe müssen dabei bezwungen werden und nur die Rückfahrt, unter der Westseite des Berges durch das Cordevoletal, ist wieder stärkerem Verkehr ausgesetzt.
Ausgangspunkt für eine Umrundung ist die kleine Ortschaft Caprile (km 0,0), etwas westlich von Alleghe an der Einmündung von Pettorina- und Fiorentinatal in das Cordevoletal gelegen. Der Beschilderung »Pso. Staulanza« folgend windet sich die Straße durch einen Wiesenhang mit 10% über den Ort hoch. Wald nimmt bald die Sicht auf die Spitzen der Civetta, die Steigung geht auf 8% und nach Verlassen des Waldes, bereits hoch über dem Talboden, noch weiter zurück. An der nächsten Straßenkreuzung (km 5,5) folgt man der nach Selva di Cadore/Passo Staulanza rechts abzweigenden Strecke, die mit 10% zum Aussichtspunkt Belvedere (km 7,5) hinaufzieht. Der Anblick der gewaltigsten aller Dolomitenwände, der Nordwestwand der Civetta, die nun völlig frei vor uns liegt, tief unten im Talboden winzig klein die Häuser von Alleghe und der Alleghesee, ist selbst für Berggewohnte faszinierend. Durch die kleinen Ortschaften Villagrande und Pian rollt es auf den Monte Pelmo, den ersten Hochgipfel der Dolomiten, der von Menschen betreten wurde, zu bis zum Ortsanfang von Selva di Cadore (km 10,0) abwärts. Die mit 12% durch den Ort ansteigende Straße geht glücklicherweise am Ortsende zurück, und im oberen Fiorentinatal wird unschwierig Pescul

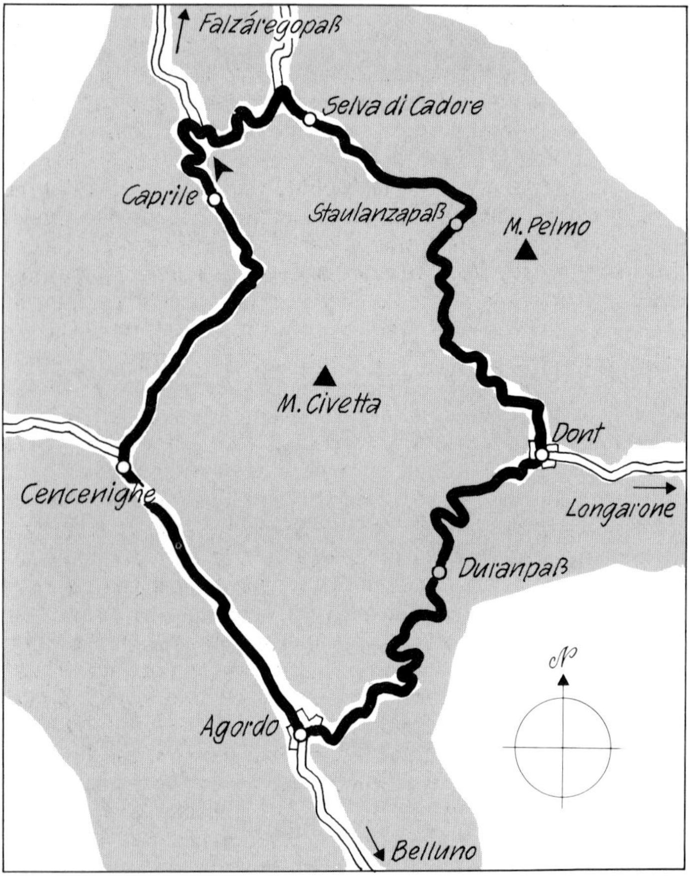

Falzáregopaß
Selva di Cadore
Caprile
Staulanzapaß
M. Pelmo
M. Civetta
Dont
Cencenighe
Longarone
Duranpaß
N
Agordo
Belluno

Hm
2000
1750
1500
1250
1000
750
Staulanzapaß 1773
Duranpaß 1601
Caprile 1023
Dont 931
Agordo 611
Caprile 1023
19,5
32,0
40,5
52,0
77,0
10
20
30
40
50
60
70
80 km

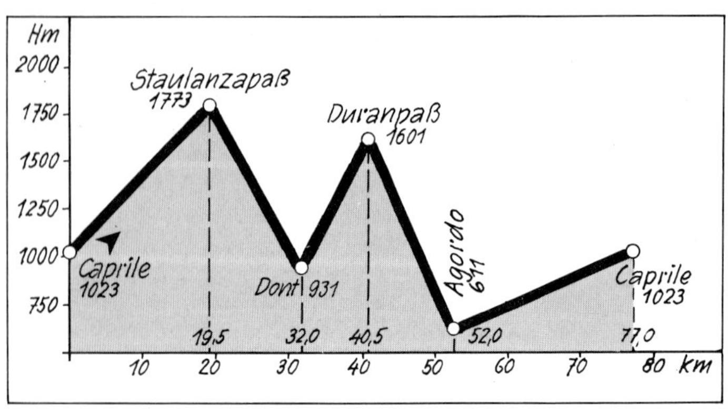

(km 13,5) erreicht. Auf den gezackten, lang abfallenden Nordostgrat des Monte Pelmo zu führt die Straße mit 10% in ein kleines Hochtal hinauf. Die Steigung nimmt ab, am Talschluß (km 16,5) scheint der Monte Pelmo den Weiterweg zu versperren. Die Straße weicht nach rechts aus und windet sich mit gleichmäßigen 10% an den bewaldeten Hängen des Monte Crot bis zur Paßhöhe (km 19,5). Weit im Süden die Berge der Pramper-Gruppe, wird die ganze westliche Talseite von den langgestreckten Felsmassen des Civettamassivs ausgefüllt. Deutlich ist die etwa in der Mitte aufragende Spitze des höchsten Punktes, des Civettagipfels, zu erkennen. Lange fällt die Straße nun im Hochzoldano ab und vermittelt dabei im unteren Teil so viel Fahrspaß, daß man fast die unmittelbar nach dem Ortsschild von Dont (km 32,0) zum Duranpaß abzweigende Strecke übersieht. Auch das schmale Sträßchen, das mit 15% durch wildwuchernden Wald ansteigt, ist wenig vertrauenserweckend, aber der Weg ist richtig. Bis Prado (km 33,0) hält die Steigung an, geht dann auf 10 bis 12% zurück, schwingt sich zwischen den Steinhäusern von Gavàz (km 34,5) nochmals kurz auf 15% auf und erreicht mit Chiesa (km 35,5) die letzte Ortschaft vor der Paßhöhe. Durch den bewaldeten Einschnitt zwischen der Moiazza, dem südlichen Ausläufer der Civetta, und der Cime di San Sebastiano zieht die Straße kurvenreich weiter mit 10 bis 12%, die kurz immer wieder bis 14% erreichen, hinauf und senkt sich dann langsam zum freundlichen Wald- und Wiesensattel der Paßhöhe (km 40,5). Eine Einkehr hier im Rifugio ist zweifellos schöner als weiter unten in Agordo (km 52,0), von dem uns nur noch eine lange Abfahrt trennt. Der Beschilderung »Alleghe« folgend beginnt man die Rückfahrt durch das tief eingeschnittene, wenig aussichtsreiche Cordevoletal. Von einem längeren 6%igen Anstieg hinter Taibon Agordino (km 56,0) abgesehen, gewährleisten flachere Abschnitte bis Cencenighe (km 62,5) ein zügiges Vorankommen, und auch bis Forchiade (km 69,0) steigt die Straße nur mäßig an. Über eine Kehre wechselt man auf die linke Talseite und bis kurz vor Masare (km 71,0) nimmt die Steigung auf 8% zu. Am Alleghesee entlang, durch die gleichnamige Ortschaft hindurch, wird Caprile (km 77,0) dann auf ebener Straße erreicht, wo sicherlich noch genügend Zeit bleibt, die rückblickend wieder auftauchende Civetta zu bewundern.

25 Die Große Dolomiten-Rundfahrt, 1. Abschnitt

Dolomiten

Strecke Cortina d'Ampezzo – Falzáregopaß – Valparolapaß – La Villa/Stern – Corvara – Grödner Joch – Hotel Miramonti – Sellajoch – Canazei

Charakter Mittelschwere Radtour mit maximal 11% Steigung von Cortina d'Ampezzo nach Canazei

Zeit 4–6 Stunden

Länge 70 km

Höhendifferenz 2080 m

Übersetzung 42/26

Ausgangspunkt Cortina d'Ampezzo (1211 m)

Karte KOMPASS Wanderkarte 1:50 000, Blatt 55

Befahrbarkeit Ganzjährig befahrbar

<u>Streckenbeschreibung</u> Um die gesamten Dolomiten mit ihren vielfältigen faszinierenden Berggruppen, verzweigten Tälern und abseits gelegenen Straßen mit dem Fahrrad erkunden zu wollen, wird ein ganzer Urlaub nicht ausreichen. Eine Umfahrung des zentralsten Teils aber, der genau das Bild vermittelt, das jeder Tourist von den »Bleichen Bergen« hat, mit den schroffsten Gipfeln, die sich aus freundlichen Wiesen bis in die Schneeregionen der Marmolada erheben und von den höchsten Pässen überwunden wird, ist ohne weiteres in zwei Tagen möglich.

Von Cortina d'Ampezzo (km 0,0) zieht die Straße windungsreich mit 11% zum Falzáregopaß hinauf. Nach einem kurzen Felstunnel (km 3,5) entschwindet der Blick auf das Städtchen und die umgebende Bergumrahmung, Serpentinen mit kaum nachlassender Steigung bringen uns zu der kleinen Hotelsiedlung Pocol (km 5,5), und im Vordergrund tauchen die Felswände der Tofana-Gruppe auf. Über weitere Kehren nähert man sich den rötlich-grauen Abstürzen, zwischen km 8 und 10 läßt ein ebenes Straßenstück schneller vorankommen, über dem Wald der südlichen Talseite zeigen sich die gespaltenen Türme und Blöcke der Cinque Torri und etwas oberhalb der turmartige Averau. Die Steigung nimmt wieder auf 11% zu, und bis zur Paßhöhe (km 16,5) informieren numerierte, mit Höhenangaben versehene Steintafeln in den Kehren über unser Höherkommen. Unmittelbar auf der Paßhöhe folgt man der Beschilderung »Valparolapaß« und der zwischen den Felsstürzen des Kleinen Lagazuoi und des Hexensteins mit 10% zum höchsten Punkt beim verfallenen Fort Tre Sassi (km 18,0) ansteigenden Straße. Am Rifugio Valparola vorbei fährt man über mehrere Kehren auf den zerklüfteten Bergstock

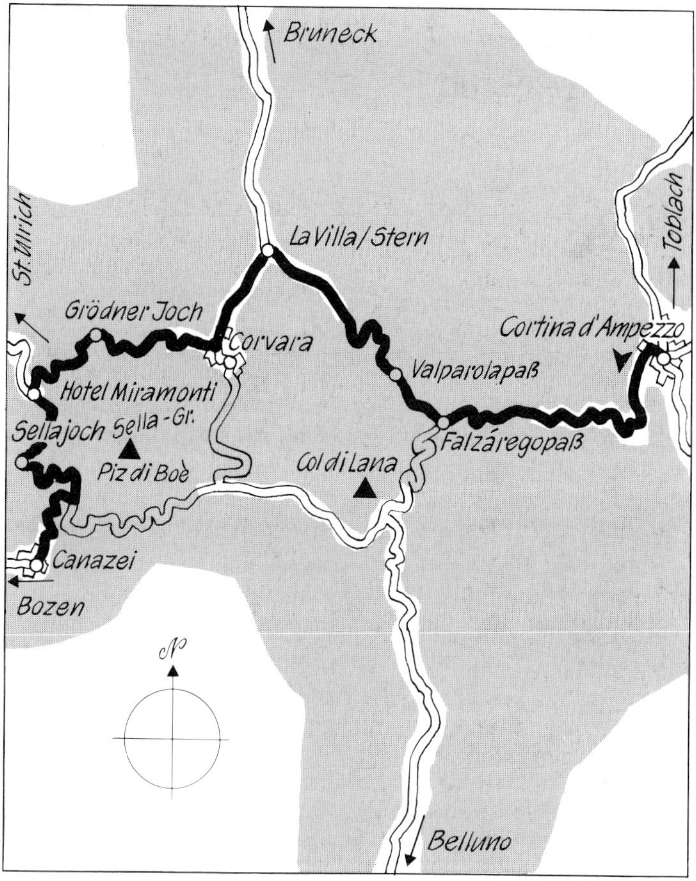

Bruneck
Toblach
La Villa / Stern
St. Ulrich
Grödner Joch
Corvara
Cortina d'Ampezzo
Valparolapaß
Hotel Miramonti
Sellajoch
Sella-Gr.
Falzáregopaß
Piz di Boè
Col di Lana
Canazei
Bozen
N
Belluno

Hm
2250
2000
1750
1500
1250
1000
Falzáregop. 2105
Valparolapaß 2192
Grödner Joch 2317
Sellajoch 2240
Hotel Miramonti 1900
Corvara 1568
La Villa / Stern 1387
Cortina d'A. 1211
Canazei 1468
16,5
18,0
31,0
36,5
46,5
52,5
58,0
70,0
10
20
30
40
50
60
70
80 km

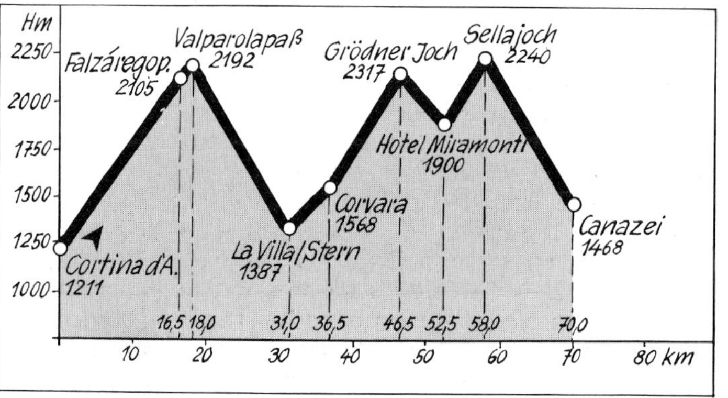

der zur Fanes-Gruppe gehörenden Cunturinesspitze zu. Weitere Serpentinen mit 10% Gefälle durch den Sareswald bringen nach St. Kassian, wo am Ort vorbei die Straße bis La Villa/Stern (km 31,0) weiter abfällt. Kurz wird es nach Überquerung des Gaderbachs mit 10% bis zur Einmündung in die Staatsstraße 244 (km 32,0) wieder steiler, dann leitet sie über Steigungen bis 6%, von längeren flacheren Abschnitten unterbrochen, durch das Corvaratal in den gleichnamigen Ort (km 36,5). Großartig zeigt sich im Vorblick die riesige Sella-Gruppe, während im Norden der mächtige Turm des Saß Songher aufragt, zwischen beiden führt die Straße zum Grödner Joch. Weit vorne ist bereits der Einschnitt der Paßhöhe zu erkennen, und am Ortsende nimmt die Steigung über eine Kehre bis Colfuschg (km 38,5) auf 10% zu. Durch den langgestreckten Ort führt die Straße mit 9 und 10% über eine Kehrengruppe, die beim Restaurant Mesules (km 40,5) beginnt, weiter aufwärts. Sie nähert sich der von tiefen Tälern zerschnittenen Nordseite des Sellastocks, und bei einem Parkplatz (km 44,0) werden die Kehren enger und auch die Steigung nimmt kurz immer wieder bis auf 11% zu. Die Paßhöhe (km 46,5) eröffnet den Blick auf die wie ein breiter Block aufragende Ostseite des Langkofels, auf den man über eine Kehrengruppe mit 9% Gefälle zufährt. Ein langes Flachstück führt unmittelbar unter den von Murfreitturm und Murfreitspitze herabziehenden Geröllhalden entlang, bevor die Abfahrt nach einer nochmaligen Kehrengruppe bei der Straßenkreuzung beim Hotel Miramonti (km 52,5) endet. Mit einer fast ständig gleichbleibenden Steigung von 9% windet sich die Straße anfangs durch lichten Lärchenwald zum Sellajoch hinauf, und bald verwandelt sich der Langkofelblock in ein reichgegliedertes Bergmassiv mit tiefen Scharten, breiten Türmen und spitzen Pfeilern. Deutlich ist die massige Grohmannspitze mit der anschließenden Fünffingerspitze, durch die Langkofelscharte vom Langkofeleck getrennt, zu erkennen, allesamt Kletterberge, durch die teilweise schwierigste Routen führen. An der »Steinernen Stadt«, einer mit Felstrümmern übersäten Bergwiese um das Sellajoch-Haus (km 56,5), vorbei ist die Paßhöhe (km 58,0) über einige Kehren mit gleichbleibender Schwierigkeit rasch erreicht. Nicht nur das nahe Ende des ersten Tages, sondern vor allem die unvergleichliche Aussicht erfordert einen längeren Halt. Im Südosten hebt sich die gletscherbedeckte Marmolada aus den Kalkfelsen um das Fassatal, rückblickend zeigen sich die Spitzen der Geisler-Gruppe über grünen Talböden, im Westen die Langkofel-Gruppe, und nur nach Osten versperrt die Sellabastion die Sicht. War bei der Auffahrt der Langkofel die beherrschende Berggestalt, ist es bei der Abfahrt die fast 800 m hohe, von einem breiten Band durchzogene Westwand der Pordoispitze, unter der eine kurvenreiche, im oberen Teil sehr schlechte Straße mit Gefälle bis 11% nach Canazei (km 70,0) bringt.

26 Die Große Dolomiten-Rundfahrt, 2. Abschnitt

Dolomiten

Strecke Canazei – Fedáiapaß – Caprile – vor Selva di Cadore – Giaupaß – Pocol – Cortina d'Ampezzo

Charakter Mittelschwere Radtour mit maximal 12% Steigung unter der Marmolada

Zeit 4–6 Stunden

Länge 66 km

Höhendifferenz 1810 m

Übersetzung 42/26

Ausgangspunkt Canazei (1468 m)

Karte KOMPASS Wanderkarte 1:50 000, Blatt 55

Befahrbarkeit Wegen Wintersperre der Paßstraßen ist die Strecke nur zwischen 1. Mai und 30. September befahrbar

Streckenbeschreibung Wer sich nach der ersten Etappe noch fit fühlt und gleich die Rückfahrt antreten möchte, sei davor gewarnt: spätestens am Giaupaß ist sicherlich mit einem Einbruch zu rechnen. Zwar ist es durchaus möglich, diese Tour auch an einem Tag durchzuführen, allerdings soll dies den Leistungsfähigsten und Austrainiertesten vorbehalten bleiben.

Besser ist in jedem Fall beraten, wer Canazei (km 0,0) erst am nächsten Morgen, der Beschilderung »Pso. Fedáia« folgend, verläßt. Der Hauptort des oberen Fassatales liegt in einem flachen Talboden mit großartigem Gebirgshintergrund. Auf ebener Straße radelt man, vorbei an den Häusern der anschließenden Gemeinden Alba und Penia, auf die mächtige Wand des Collaz zu. Über eine kleine Kehrengruppe (km 5,5) mit 8% Steigung, zuerst durch Wiesen, dann durch Wald, wird eine Geländestufe überwunden, die in den Talboden von Pian Trevisan bringt. Nur mäßig steigt die Straße unter den aus grauem Marmoladakalk bestehenden plattigen Felskuppen der Roda di Mulon und Punta di Cornate, den westlichen Eckpfeilern der Marmolada, bis zum Talschluß an. Über vier Kehren mit auf 10% zunehmender Steigung wird rasch an Höhe gewonnen, wobei sich die Aussicht auf die Bergwelt der gegenüberliegenden Talseite immer prächtiger weitet. Bald nach dem Ende der Kehrenstrecke (km 8,5) wird die erste einer Reihe von kurzen Lawinengalerien, denen es allerdings nicht gelingt, diesen Übergang wintersicher zu machen, durchfahren und die ersten Schneefelder der Marmolada kommen in Sicht. Auch die Häuser am Einschnitt der Paßhöhe sind bereits zu sehen, auf die man bei nicht nachlassenden 10% zuradelt. Wie dunkle Riffe ragen mehrere Felspfeiler und kleinere Blöcke in die

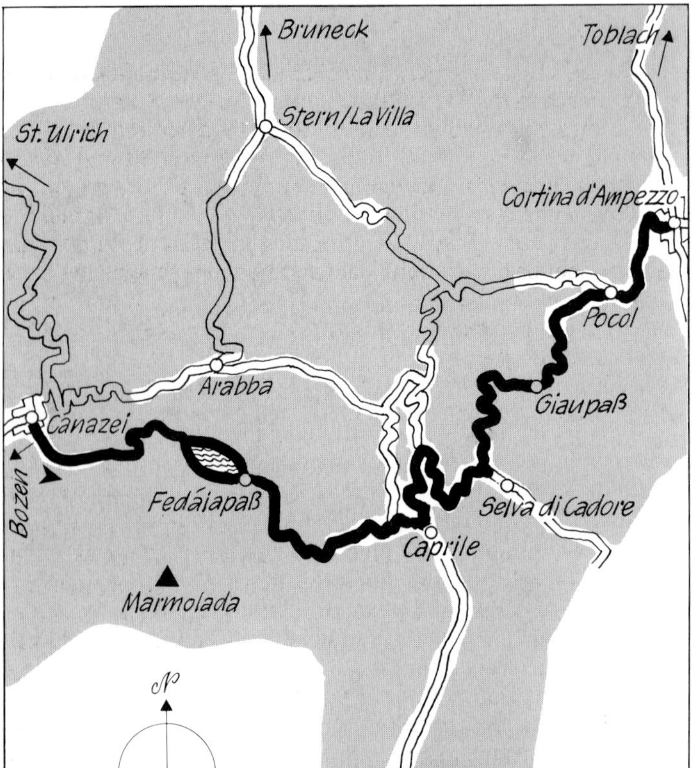

Bruneck
Toblach
Stern/La Villa
St. Ulrich
Cortina d'Ampezzo
Pocol
Arabba
Giaupaß
Canazei
Bozen
Fedáiapaß
Selva di Cadore
Caprile
Marmolada
N
Belluno

Hm
2250
2000
1750
1500
1250
1000
Fedáiapaß 2057
Giaupaß 2236
Canazei 1468
vor Caprile 1023
Cortina d'Ampezzo 1211
11,0
28,5
50,0
66,0
10 20 30 40 50 60 70 km

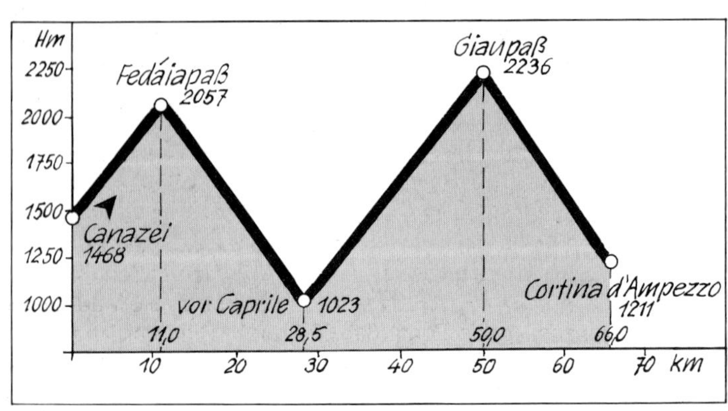

größte Gletscherbedeckung der Dolomiten, die man am Beginn eines etwa 400 m langen unbeleuchteten Tunnels (km 11,0) kurz aus den Augen verliert. Auf der Paßhöhe, einer langgestreckten Hochfläche zwischen der Marmolada und den dunklen Hängen des Padonkammes, rollt es auf ebener Strecke bis zu deren östlichem Ende (km 14,0), wobei man zwischen den beiden um den Stausee herumführenden Uferstraßen wählen kann. Eindrucksvoll erhebt sich weit im Vordergrund die großartige Wand der Civetta, die hier mehr als 2000 m hoch zum Alleghesee abstürzt. Die Aussicht auf die Wand verschwindet bald nach der Weiterfahrt über die anfangs mit bis zu 15% abfallende Straße. Hinter Malga Ciapela (km 19,0) warten eine Galerie und ein kurzer 6%iger Gegenanstieg. Die Überfahrt über die tiefe Sottogudaschlucht (km 21,0) erfolgt hauptsächlich in einem Tunnel, und auf schlechter werdender Straße rollt es abwärts bis Pian (km 23,0). Bei der Häusergruppe von Col di Rocca hält man sich an die Beschilderung »Alleghe/Agordo«, und an der nachfolgenden Kreuzung (km 27,5) läßt man die zum Falzárego- und Pordoipaß abzweigende Straße buchstäblich links liegen. In Saviner di Laste (km 28,0), im Talboden, wird der Cordevole überquert, und im sofort anschließenden Ort Caprile hält man sich an die Beschilderung »Cortina/Pso. Staulanza«. Über mehrere Schleifen steigt die Straße an einem Berghang mit 10% an, Wald nimmt uns auf, die Steigung geht auf 8% und nach Verlassen des Waldes bis zu einer Straßenkreuzung (km 33,5) noch weiter zurück. Richtung Longarone/Selva di Cadore/Passo Staulanza zweigt hier die Straße ab, und auch unser nächstes Ziel, der Giaupaß, ist bereits ausgeschildert. Nochmals steigt die Straße bis zum Aussichtspunkt Belvedere (km 36,0), unmittelbar gegenüber der Civetta, mit 10% an, bevor man auf den Monte Pelmo zu bis kurz vor Selva di Cadore (km 40,0) abfährt. Mit 12% zieht die Straße hier in das Tal des Codalongabaches hinauf, und obwohl nirgends viel Platz bleibt, läßt die Umgebung keinerlei Enge aufkommen. Die Schwierigkeit nimmt nicht ab, und die kleinen Brücken mit ihren kurzen ebenen Abschnitten sind willkommene Ziele. Nach einem einzeln an der Straßenböschung stehenden Haus (km 44,5) läßt die Steigung endlich etwas nach, und die Berge links der Paßhöhe werden sichtbar. Die Auffahrt zum Rifugio Fedare (km 47,0) beträgt 8 bis 10%. Ab hier sorgt eine wieder auf 10% zunehmende Steigung dafür, daß die Paßhöhe (km 50,0) nur langsam näherkommt. Dann aber ist es geschafft, kurven- und kehrenreich, zuerst durch Hochweiden, dann durch Wald, fällt die Straße unter der Mauer der Croda da Lago ab. Die Tofanen zeigen sich im Norden, und nach einer kleinen Talmulde (km 59,0) stellt der kurze 8%ige Gegenanstieg bis Pocol (km 60,0) kein Hindernis mehr dar. Auf ständig abwärtsführender Straße ist der Ausgangspunkt (km 66,0) kurz darauf erreicht.

27 Über das Lavazèjoch

Dolomiten

Strecke Vill/Villa – Montan – Gasthof Brückenwirt – Aldein – Petersberg – Wieser Säge – Rauth – Lavazèjoch – Cavalese – Vill/Villa

Charakter Mittelschwere Radtour mit maximal 13% Steigung in den Eggentaler Bergen

Zeit 4–5 ½ Stunden

Länge 74 km

Höhendifferenz 1840 m

Übersetzung 42/26

Ausgangspunkt Vill/Villa (214 m), unmittelbar vor Neumarkt/Egna. Autobahnausfahrt Ora/Auer

Karten KOMPASS Wanderkarte 1:50 000, Blatt 74 und 54

Befahrbarkeit Ganzjährig befahrbar

Streckenbeschreibung Das Lavazèjoch, die oberste Verbindung vom Fleimstal ins Eggental, ist einer der kleineren, weniger frequentierten Übergänge am Rande der Dolomiten. Es durchzieht die Eggentaler Berge, ein den Dolomiten vorgelagertes Mittelgebirge, das sich etwa zwischen Bozen und Auer östlich der Etsch erhebt. Es ist ein reizvolles Hochland mit verstreuten Gehöften und kleinen Siedlungen zwischen bewaldeten Hügelketten, dem die Strenge des Hochgebirges zwar fehlt, dessen weite, aussichtsreiche Wiesenflächen bereits Einblicke in die Felswelt der Dolomiten gestatten.
Ausgangspunkt dieser Radtour ist die kleine Ortschaft Vill (km 0,0), schon fast als Vorort von Neumarkt zu bezeichnen und bequem über die Autobahnausfahrt Egna/Ora zu erreichen. Der Beschilderung »Cavalese« folgend führt die Straße mit gleichmäßigen 8% aus Vill heraus, wendet sich am Ortsende nordwärts, und bald sind die ersten Häuser von Montan (km 3,0) erreicht. Hier trifft man auf die von Auer heraufführende Strecke, die Steigung geht etwas zurück, und bei einer engen Kehre liegt das Etschtal, dessen westliche Seite vom Mendelkamm abgeschlossen wird, bereits weit unter uns. Rötlicher Porphyrfels tritt an die Straße, die sich gleichmäßig mit 6% an den wenig aussichtsreichen Hängen des Cisloner Berges nach oben zieht. Ein Schild mit der Höhenangabe »600 m« (km 6,0) zeigt den bisher bewältigten Höhenunterschied. Langsam öffnet sich das Tal, und eine weite Hügel- und Wiesenlandschaft breitet sich vor uns aus. An der Kreuzung Deutschnofen/Cavalese, beim Gasthof Brückenwirt (km 8,0), wechselt man über die Aldeiner Brücke hoch über dem Hohlenbach auf die Hänge der nördlichen Talseite über. Zwischen Wiesen, vorbei an kleinen Gehöften und Gasthäusern und durch kleinere Lärchenschonungen, nimmt die Steigung bis Aldein

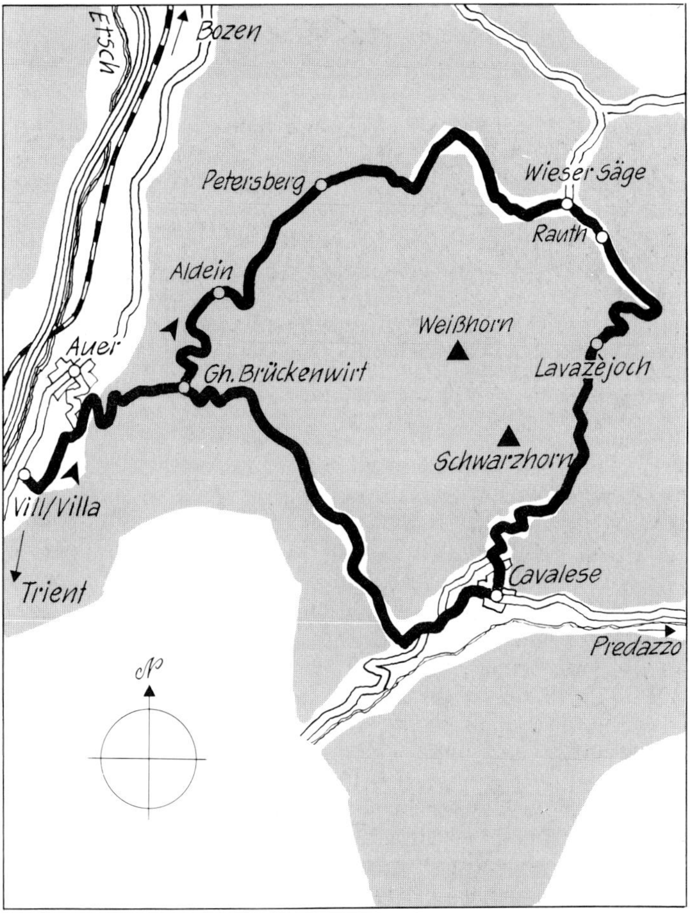

Etsch
Bozen
Petersberg
Wieser Säge
Rauth
Aldein
Weißhorn
Auer
Gh. Brückenwirt
Lavazèjoch
Schwarzhorn
Vill/Villa
Trient
Cavalese
Predazzo
N

Hm
2000
1500
1000
500
Petersberg 1389
Abfahrt 1300
Abzw. 1350
Lavazèjoch 1808
800
Wieser Säge 1200
Cavalese 1000
Gh. Brückenwirt
Vill/Villa 214
Vill/Villa 214
8,0
19,0
23,5
26,0
31,0
39,0
50,0
74,0
10
20
30
40
50
60
70
80 km

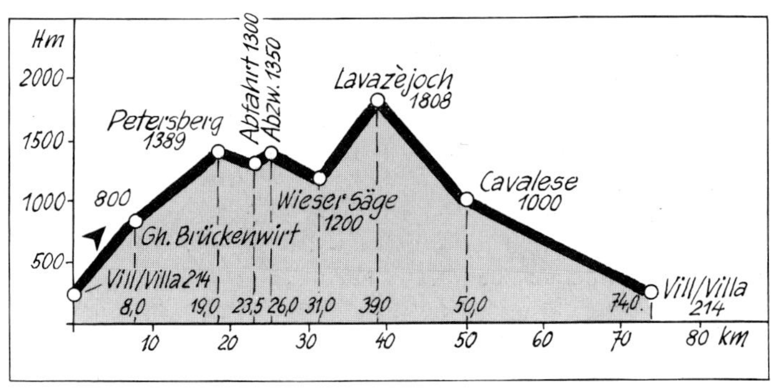

(km 13,5) nun auf 10 bis 12% zu. Kurz zeigt sich im Osten der felsige Aufbau des Weißhorns, im Ort geht die Steigung zurück und wer den kleinen Umweg ins Zentrum zu der hochaufragenden Kirche nicht scheut, blickt an schönen Tagen bis zu den Ötztaler und Zillertaler Alpen im Nordwesten. Danach nimmt hochstämmiger Nadelwald, durch den sich die Straße mit 8% bis zum höchsten Punkt (km 15,5) hochzieht, die Sicht, und bis Petersberg (km 19,0) wechseln längere ebene Abschnitte mit leichten Abfahrten und ebensolchen Anstiegen ab. An der Abzweigung nach Weißenstein, dem bekanntesten Wallfahrtsort Südtirols, vorbei rollt es mit Gefälle bis 8% in das Tal des Brantenbaches hinab, den man in einer engen Kurve (km 23,5) überquert. Roter, brüchiger, mit Drahtnetzen abgesicherter Porphyrfels tritt wieder zutage, und mit einer Steigung, die das Gefälle der Abfahrt nicht überschreitet, schlängelt sich das enge Sträßchen bis zur Kreuzung Deutschnofen/Bozen (km 26,0) aufwärts. Der Beschilderung »Bozen« folgend steigt die Trasse auf den nächsten beiden km mit 6 bis 8% an, und was sich vorher immer wieder kurz angedeutet hat, rückt nun langsam voll ins Blickfeld: die Felsketten von Latemar und Rosengarten, die gewaltig über den bewaldeten Höhenrücken aufragen. Bei der nachfolgenden Abfahrt mit Gefälle bis 12% verliert man zwar wieder etliche Höhenmeter, nimmt dafür aber an der Straßenkreuzung bei der Wieser Säge (km 31,0), der erstmals auftauchenden Beschilderung »Lavazèjoch« folgend, den letzten Teil der Auffahrt in Angriff. Der allerdings hat es nochmals in sich, denn an Rauth (km 33,0) vorbei steigt die Strecke mit konstanten 13% ins Obereggental an. Die Straße wird schmäler, teilweise schlechter, hochstämmiger Nadelwald versperrt die Sicht. Bei km 36,0 beschreibt sie eine enge Kurve, eine kleine Brücke wird überfahren und die auf 8 bis 10% zurückgehende Steigung fast als angenehm empfunden. Kurvenreich steigt die Straße weiter an, ein Schild zeigt den Eintritt in die Provinz Trento an, schlagartig geht der Wald zurück, und der Wiesensattel des Lavazèjochs (km 39,0) am Fuße der Pala di Santa liegt vor uns. Latemar und Rosengarten erheben sich im Osten über dunklen Waldgürteln, während im Westen die turmartigen freistehenden Gipfel von Weißhorn und Schwarzhorn die Hochfläche begrenzen. Mit Gefälle bis 15% fährt man auf anfangs schlechter Trasse ins Gambistal ab, durch Varena (km 44,0) zwingt holpriges Kopfsteinpflaster zum Abbremsen, und kurz darauf ist Cavalese (km 50,0) erreicht. Das Fleimstal auswärts verliert die Straße anfangs nur wenig Höhe. Ein 400 m langer, schwach beleuchteter Tunnel (km 56,0) erfordert nochmals Vorsicht, dann bringt bei San Lugano (km 58,0) endlich wieder stärkeres Gefälle zum Ausgangspunkt (km 74,0) zurück.

Hinweis: Wegen des Tunnels hinter Cavalese ist Beleuchtung ratsam.

28 Durch den Naturpark »Paneveggio – Pale di San Martino«

Dolomiten

Strecke Moena – Predazzo – Bellamonte – Paneveggio – Vállespaß – San-Pellegrino-Paß – Moena

Charakter Mittelschwere Radtour mit maximal 18% Steigung am Rande der Pala

Zeit 3–4 Stunden

Länge 55,5 km

Höhendifferenz 1490 m

Übersetzung 42/26

Ausgangspunkt Moena (1184 m)

Karte KOMPASS Wanderkarte 1:50 000, Blatt 76

Befahrbarkeit Ganzjährig befahrbar

Streckenbeschreibung Im äußersten Osten der Provinz Trient, an der Grenze zu Venetien, liegt der Naturpark »Paneveggio – Pale di San Martino«. Zum Parkgebiet gehören die Felsen der Pala-Gruppe, ein Teil der östlich davon gelegenen Lagoraiberge und die einzigartig schönen Fichtenwälder von Paneveggio. Mehr als 2600 ha umfaßt dieses Waldgebiet, zu dem neben Fichten vor allem Lärchen und in höheren Lagen auch Zirben zählen, und zweifellos handelt es sich hier um den schönsten Waldbestand der Dolomiten, wenn nicht gar des gesamten Alpenraums. Der Nordteil des Parks wird von der Straße über den Vállespaß durchquert, die das Travignolotal mit dem San-Pellegrino-Tal verbindet, und dem Radler somit die Gelegenheit bietet, den attraktivsten Teil dieses Schutzgebietes in einer nicht zu schweren Tour kennenzulernen.

Ausgangspunkt ist Moena (km 0,0), von Bozen über den Karerpaß und das Fassatal oder von Auer durch das Fleimstal gut zu erreichen. Den Skilangläufern ist Moena als Startort des bekannten »Marcialonga« ein Begriff, und wer bereits einmal daran teilgenommen hat, wird bei Verlassen des Ortes, der Beschilderung »Trento/Ora« folgend, den Startplatz sicher auch im Sommer wiedererkennen. Das Fleimstal bietet in diesem Teil zwar keinerlei Aussicht, dafür eine meist leicht abfallende Straße, eine gute Gelegenheit zum Einrollen. In Predazzo (km 8,5), der zweitgrößten Ortschaft des Tales, verläßt man das Fleimstal und biegt Richtung Feltre/Passo Rolle in das Travignolotal ein. Weit voraus zeigen sich die mächtigen Spitzen der Pala-Dolomiten, die man jedoch gleich darauf auf der mit 9% ansteigenden Straße wieder aus den Augen verliert. Am Gasthof Saluna (km 13,0) bringen vier Kehren über einen Wiesenhang rasch höher, und in Bellamonte (km 15,0) tauchen sie nochmals über den dunklen

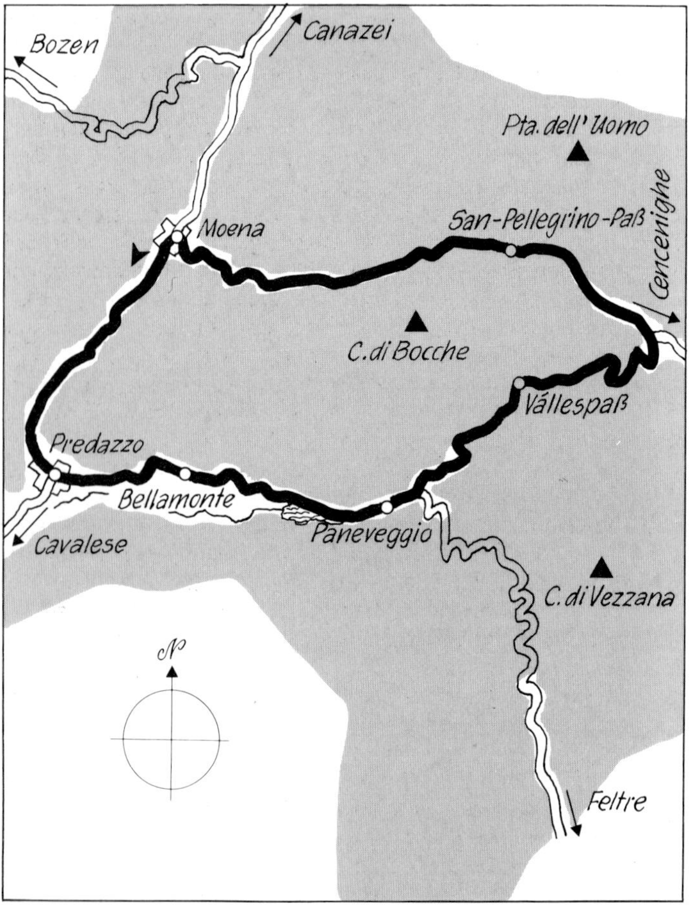

Bozen
Canazei
Pta. dell' Uomo
Moena
San-Pellegrino-Paß
Cencenighe
C. di Bocche
Vállespaß
Predazzo
Bellamonte
Paneveggio
Cavalese
C. di Vezzana
N
Feltre

Hm
2500
2000
1500
1000
Moena
1184
Predazzo
1018
Vállespaß
2031
Abfahrt
1450
San-Pellegrino-Paß
1919
Moena
1184
8,5
30,5
40,0
44,0
55,5
10
20
30
40
50
60
km

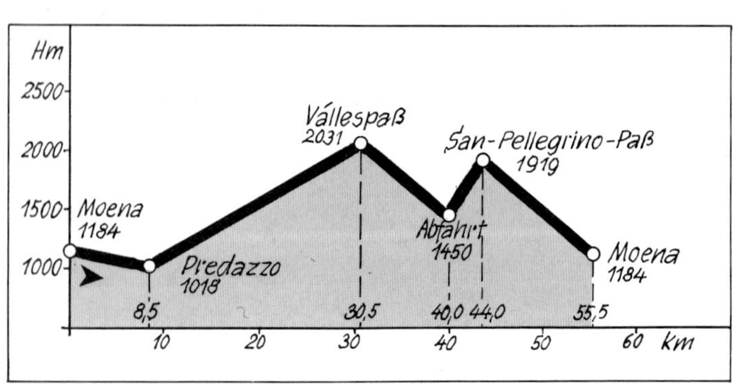

Wäldern vor uns auf. Am Ortsende geht die Steigung zurück, kurz biegt die Straße in das Val Valazza ein, um bis zum Lago di Paneveggio (km 19,0) nur mäßig anzusteigen. Am See entlang, über dem sich die Bergspitzen der Catena dei Lagorai erheben, deutet ein Holzschild die Einfahrt in den Naturpark an, und auch über das See-Ende hinaus nimmt die Schwierigkeit bis Paneveggio (km 22,5) kaum zu. Freie Wiesenflächen bieten hier den wohl schönsten Blick auf die Pala-Gruppe, kurz danach nimmt uns wieder dichter Wald auf, und Steigungen bis 9% bringen zur Abzweigung der zum Vállespaß hochführenden Straße (km 23,5). Die sofort mit 11% ansteigende Trasse neigt sich nach knapp 1 km wieder zurück, und Anstiege bis 8%, meist jedoch weit darunter, ermöglichen ein rasches Vorwärtskommen. Dies ist der schönste Teil der Auffahrt, entlang des weißschäumenden Travignolobaches, der sich zwischen den schattigen Bäumen, die mit ihrem regelmäßigen Wuchs eine Höhe bis zu 40 m erreichen und teilweise mehr als 300 Jahre alt sind, seinen Weg sucht. An der Abzweigung zu einem Rastplatz vorbei (km 26,5) nimmt die Steigung unvermittelt auf 13% zu und, dies sei hier bereits vorweggenommen, behält diese bis zur Paßhöhe bei. Nur einmal gibt der Wald auf der rechten Straßenseite den Blick auf den landschaftlich besonders schönen Talschluß über dem Val di Venigiotta mit den Spitzen um die Cima di Focobon frei. Bei der Bar Malga Valazza, bereits über der Waldgrenze gelegen, bietet sich die Gelegenheit zur Rast. Kurz darauf ist man aber bereits auf der Paßhöhe (km 30,5) und kann sich mit Blick auf das herrliche Panorama der Berge um die Marmolada auf der langen Abfahrt bis zur Straßenkreuzung Falcade/San Pellegrino (km 40,0) erholen. Das ist auch dringend notwendig, denn die Auffahrt zum San-Pellegrino-Paß beginnt mit einem 14%igem Anstieg, der nach knapp 2,5 km sogar 18% erreicht. Knapp 600 m weit muß man auch dagegen noch ankämpfen, bevor sich die Straße endlich auf 10% bis zur Bar Fior di Roccia (km 42,5) zurücklegt. Unter den südlichen Ausläufern der Marmolada bieten die Steigungen bis 10% zur San-Pellegrino-Paßhöhe (km 44,0) dann kein Problem mehr. Wenig aussichtsreich fällt die kurvenarme Straße in das westliche San-Pellegrino-Tal ab. Kurz erreicht das Gefälle 14%, die Spitzen der Rosengarten-Gruppe über dem Fassatal werden sichtbar, die Dächer von Moena tauchen unter uns auf, und gleich darauf ist der Ortsanfang (km 55,5) über eine Kehrengruppe erreicht.

29 Um die Pala

Dolomiten

Strecke Predazzo – Rollepaß – Tonadico – Ceredapaß – Don di Gosaldo – Forcella Aurine – Agordo – Cencenighe – San-Pellegrino-Paß – Moena – Predazzo
Charakter Schwere Radtour mit maximal 18% Steigung um die wildeste Berggruppe der Dolomiten
Zeit 6–8 Stunden
Länge 124 km
Höhendifferenz 3040 m
Übersetzung 42/26
Ausgangspunkt Predazzo (1018 m)
Karten KOMPASS Wanderkarte 1:50 000, Blatt 76 und 77
Befahrbarkeit Ganzjährig befahrbar

Streckenbeschreibung Weit im Südosten, schon fast am Ende der Dolomiten, türmen sich diese mit der Pala-Gruppe nochmals zu ihrem eindrucksvollsten, wildesten Teil auf. Niemand, der den weiten Weg dorthin auf sich genommen hat, wird von den kühnen Gipfelbauten und phantastischen Felsgestalten unbeeindruckt bleiben. Besonders dann, wenn er mit dem Rad unterwegs ist und vielleicht sogar die nachfolgend beschriebene Umfahrung dieser Gruppe in Angriff nimmt. Freilich, eine gehörige Zahl von Trainingskilometern sollte man bereits in den Beinen haben, denn die Schwierigkeiten dieser Tour sind der beeindruckenden landschaftlichen Umgebung durchaus angepaßt.
Ausgangspunkt ist die Marktgemeinde Predazzo (km 0,0), am günstigsten vom Etschtal über die Autobahnausfahrt Ora/Auer durch das Fleimstal zu erreichen. Der Beschilderung »Pso. Rolle« folgend radelt man durch einen bewaldeten, schluchtartigen Talabschnitt mit 9% bergauf in das Travignolotal ein. Weit vorne am Talschluß sind bereits die hellen Bergspitzen zu erkennen, die sich deutlich über einem Gürtel dunkelgrüner Wälder abheben. Beim Gasthof Saluna (km 2,5) wird ein Grashang über vier Kehren überwunden und Bellamonte (km 4,5) erreicht. Am Ortsende geht die Steigung zurück, kurz biegt die Straße in das Tal des Valazzabaches ein, um dann fast eben am Paneveggio-Stausee entlang zu einer kleinen Waldlichtung mit der Hotelsiedlung von Paneveggio (km 12,0) zu führen. An der Abzweigung zum Vállespaß (km 13,0) vorbei nimmt die Steigung wieder auf 9% zu. Kurvenreich radelt man durch dichten Wald aufwärts, der plötzlich zurückgeht und den Blick auf die Felsabstürze der Pala mit dem hochaufstrebenden Horn des Cimon della Pala und den gebänderten Dolomitenriffen der Cima di Vezzana und Cima di Focobon freigibt. Wenige Kehren sind es noch zur Paßhöhe (km 19,5), wo die

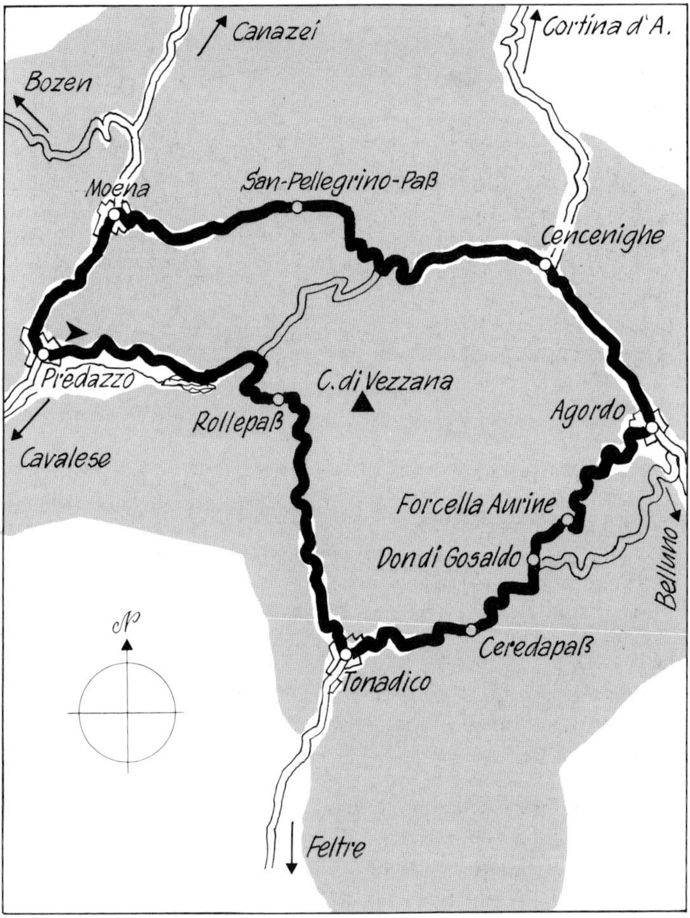

Canazei
Cortina d'A.
Bozen
Moena
San-Pellegrino-Paß
Cencenighe
Predazzo
C. di Vezzana
Rollepaß
Agordo
Cavalese
Forcella Aurine
Don di Gosaldo
Belluno
Ceredapaß
Tonadico
Feltre

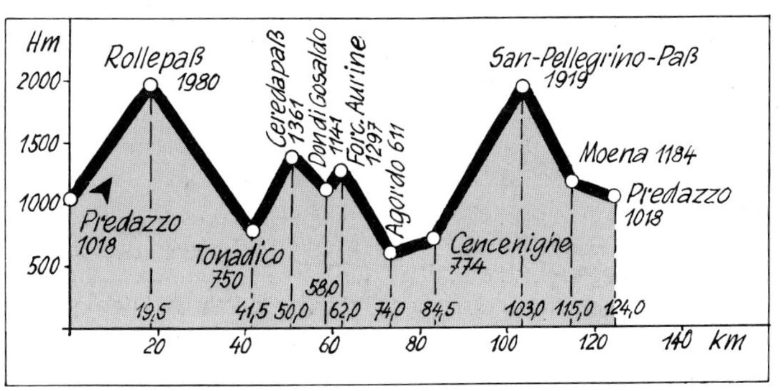
Hm
2000
1500
1000
500
Rollepaß 1980
Ceredapaß 1361
Don di Gosaldo 1141
Forc. Aurine 1297
Agordo 611
San-Pellegrino-Paß 1919
Moena 1184
Predazzo 1018
Predazzo 1018
Tonadico 750
Cencenighe 774
19,5
41,5
50,0
58,0
62,0
74,0
84,5
103,0
115,0
124,0
20
40
60
80
100
120
140
km

Auffahrt von der Abfahrt entlang einer riesigen Kette kühnster Felszinnen und Türme, die weit im Süden mit der Cima della Madonna ihren Abschluß finden, übertroffen wird. In Tonadico (km 41,5) ist auch unsere Abfahrt abgeschlossen, und der Beschilderung »Agordo/Pso. Cereda« folgend nimmt die Steigung bereits am Ortsende über eine Kehrengruppe bis auf 15% zu. An einer Straßenkreuzung (km 45,5) wird es dann weniger steil, und über eine weitere Kehrengruppe mit bis zu 10%, zeitweise auch 12%, gewinnen wir etwas weniger anstrengend an Höhe. Nur kurz läßt die Steigung an einem kleinen Gasthof vorbei (km 47,0) auf etwa 8% nach, fast geradlinig steigt die Straße dann wieder mit 12% an, bevor eine letzte Kehrengruppe mit 10% zum Wiesensattel auf der Paßhöhe (km 50,0) bringt. Richtung Agordo/Gosaldo rollt es mit Gefälle bis 13% bis Sarasin (km 54,5) hinunter, kurz steigt die Straße mit 8% aus dem Ort heraus an, um sich dann länger fast eben auf der linken Seite des breiten Talkessels zu halten, bevor man endgültig mit Gefälle bis 15% nach Don di Gosaldo (km 58,0) abfährt. Von den beiden Abzweigern im Ort wählt man den linken, der kurz ansteigend mit 12% aus Don di Gosaldo herausführt, auf 9% zurückgeht und nach den letzten Häusern von San Andrea (km 60,0) eben zur Forcella Aurine (km 62,0) führt. Weit rollt es nun nach Agordo (km 74,0) hinunter, wo man den Rückweg den Hinweisschildern Alleghe/Caprile folgend durch das Cordevoletal antritt. 6%ige Anstiege, meist jedoch weit darunter, und sogar eine kurze Abfahrt bis Cencenighe (km 84,5) bieten keine Schwierigkeiten, dafür wartet mit dem San-Pellegrino-Paß noch ein schwerer Brocken auf uns. Auf 10% ansteigender Straße radelt man durch einen 400 m langen, schwach beleuchteten Tunnel in das Val Canale ein. Das Tal weitet sich, und durch eine Reihe von kleineren Ortschaften werden Steigungen bis 10% von kurzen flacheren Abschnitten abgelöst. An Canale d'Agordo (km 89,5) vorbei nimmt die Steigung bis Falcade (km 91,5) teilweise auf 12% zu und geht über eine Kehrengruppe bis Falcade Alto (km 95,5) kaum zurück. Bald nach dem Ort trifft man auf die vom Vállespaß herabziehende Strecke (km 97,5), dort allerdings auch auf eine 14%ige Steigung, die nicht nur fast 2,5 km lang anhält, sondern danach auf einer Länge von fast 600 m sogar auf 18% hinaufgeht. An der Bar Fior di Roccia (km 101,0) wird nicht nur der Wald, sondern auch die Steigung weniger, und bis zur Paßhöhe (km 103,0) lösen sich Anstiege bis 10% und flachere Abschnitte ab. Die lange Abfahrt bis Moena (km 115,0) ist dann zweifellos eine Erholung, und glücklicherweise fällt auch die Straße durch das Fassatal zurück nach Predazzo (km 124,0) meist leicht ab.
Hinweis: Wegen des Tunnels nach Cencenighe ist Beleuchtung ratsam.

Gardasee

30 Die Monte-Baldo-Höhenstraße

Gardasee

Strecke Mori – Brentonico – San Giacomo – San Valentino – Passo Canaletta – Bocca di Navene – Ferrara di Monte Baldo – Spiazzi – Caprino Veronese – Costermano – Garda

Charakter Mittelschwere Radtour mit maximal 12% Steigung durch den »Garten Italiens«

Zeit 4–5 Stunden

Länge 67 km

Höhendifferenz 1420 m

Übersetzung 42/23–26

Ausgangspunkt Mori (204 m)

Karten KOMPASS Wanderkarte 1:50 000, Blatt 101 und 102

Befahrbarkeit Wegen Wintersperre der Monte-Baldo-Höhenstraße ist die Strecke nur zwischen 15. April und 31. Oktober befahrbar

Streckenbeschreibung Der Monte Baldo ist ein langgestrecktes Bergmassiv über der Ostseite des Gardasees, das sich von dessen Nordspitze bis über Malcesine hinaus auf Höhen von knapp über 2000 m aufschwingt, um dann langsam bis Garda und in die Poebene abzufallen. Die Gletscher der letzten Eiszeit hobelten zwar die zum See und Etschtal hin abfallenden Bergflanken glatt, bedeckten jedoch nicht die Hochflächen. Diesem Umstand ist es zu verdanken, daß auf dem Monte Baldo eine fast einzigartige voreiszeitliche Flora erhalten geblieben ist, die zusammen mit anderen seltenen Alpengewächsen diesem die Bezeichnung eines »Garten Italiens« eingebracht hat. Vor allem im Frühsommer, wenn sich die Blütenpracht aus seltenen Orchideenarten, Alpenrosen, Enzian, Feuerlilie und der nach diesem Berg benannten Baldoanemone voll entfaltet, ist der Monte Baldo zweifellos ein Erlebnis. Der Radler wird sich diesen Zeitpunkt nicht immer aussuchen können, aber die mehr als 60 km lange, nunmehr vollständig ausgebaute Höhenstraße zwischen Mori und Garda läßt ihn auch zu anderen Zeiten voll auf seine Kosten kommen.

In Mori (km 0,0), unmittelbar an der Autobahnausfahrt Rovereto-Süd gelegen, folgt man der Beschilderung »Brentonico/Monte Baldo«. Über mehrere Kehren steigt die breit ausgebaute Straße mit gleichmäßigen 9% durch Besagno (km 3,0) zu einer Straßenkreuzung beim Hotel Miramonti (km 6,0) an. Grüne Wiesen, terrassenförmig angelegte Felder mit Steinböschungen, Nadelwaldgruppen und vereinzelte hoch aufragende Zypressen prägen das Landschaftsbild. Über eine Kehrengruppe nimmt die Steigung bis Brentonico (km 7,5) auf 10% zu. Weiter Richtung San Giacomo fällt die Straße am Ortszentrum vorbei etwas ab, um auf einer Länge von fast 600 m mit 12% aus dem Ort herauszuführen. Mit einer Steilheit bis 10% windet sich

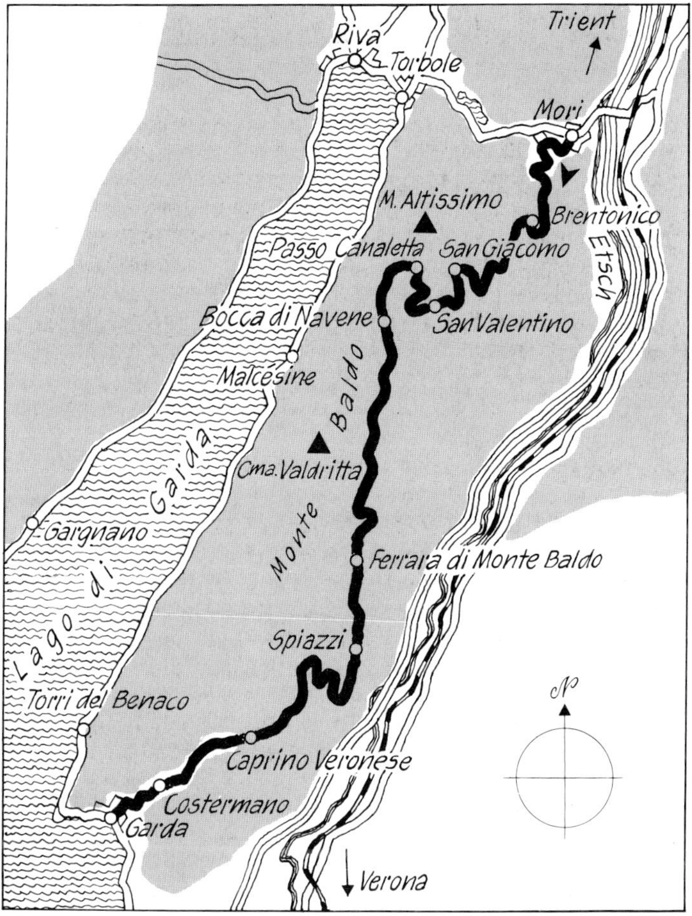

Riva
Torbole
Trient
Mori
M. Altissimo
Brentonico
Passo Canaletta
San Giacomo
Etsch
Bocca di Navene
San Valentino
Malcesine
Monte Baldo
Cma. Valdritta
Lago di Garda
Gargnano
Ferrara di Monte Baldo
Spiazzi
Torri del Benaco
Caprino Veronese
Costermano
Garda
Verona
N

Hm
2000
1500
1000
500
Pso. Canaletta
1617
Bocca di Navene
1430
Ferrara di Monte Baldo
856
Garda 67
Mori 204
23,0
26,0
45,5
67,0
10
20
30
40
50
60
70 km

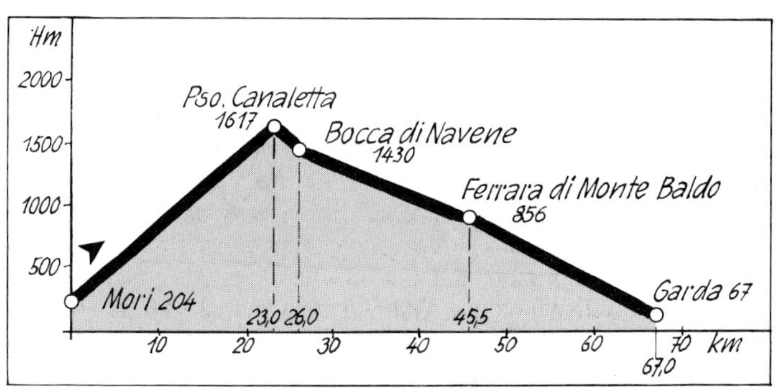

die Strecke weiter durch einen Wald- und Wiesengürtel nach oben, um erst vor San Giacomo (km 15,0) auf etwa 6 bis 8% zurückzugehen. Über uns ragt der kleine Felskamm der Corna Piana aus den Waldgürteln, aber wieder läßt eine 1 km lange Abfahrt etliche Höhenmeter verlieren, bevor man über Auffahrten bis 10% San Valentino (km 18,0) erreicht. Im Vordergrund breitet sich eine wellige Hochebene aus, der Weiterweg ist mit »Monte Baldo/Garda« gut ausgeschildert, und die Straße verschwindet in den Mischwäldern unterhalb des kleinen Felskamms. Nach einem ebenen Stück nimmt die Steigung wieder auf 10% zu, zwei kurze, enge Felstunnels (km 19,5) sind zu durchradeln, und zwischen den Tunnels kann man tief unten kurz den kleinen Lago di Pra de la Stua erkennen. Die Strecke mit 8 bis 10% führt über freie, aussichtsreiche Almflächen und endet beim Restaurant Graziani (km 23,0) am Fuße des Monte Altissimo di Nago, dem nördlichsten Gipfel der Baldo-Kette und der höchste Punkt dieser Tour. Am Kamm entlang rollt es dann bis zum Gasthaus Bocca di Navene (km 26,0) abwärts, und hier ist auch die einzige Stelle, an der ein Grateinschnitt einen Ausblick auf den Gardasee zuläßt. Sich weiter unterhalb des Bergkamms haltend, steigt die Straße nur mäßig bis zu einer Hochfläche bei den Almen von Malga Alpesina (km 29,0) an. Der Beschilderung »Garda« nach führt die Trasse noch etwas eben dahin, um sich dann nochmals mit Steigungen bis 10%, meist jedoch weit darunter, den brüchigen Felsen, die hier die höchsten Gipfel bilden, zu nähern. Auf einer kleinen Hochfläche beim Restaurant Novezza (km 36,5) fällt die Straße dann zwar wieder ab, aber wer glaubt, daß dies bis Garda so weitergeht, wird enttäuscht. Beim Restaurant Cacciatore (km 40,0) verläuft die Strecke Richtung Ferrara di Monte Baldo noch etwas abwärts, steigt dann aber meist unter 10%, abermals zu dem kleinen Passo del Castello (km 42,0) an. Auch hinter Ferrara di Monte Baldo (km 45,5) wartet noch einmal ein längerer Gegenanstieg mit bis zu 10%, die allerdings von leichteren Abfahrten unterbrochen werden, bis zum Grand Hotel am Ortsanfang von Spiazzi (km 49,5). Bis Caprino Veronese (km 59,5) rollt es nun wieder auf breiter, gut ausgebauter Straße rasant nach unten. Vor uns breitet sich eine riesige, sanft gewellte Ebene mit zahllosen Dörfchen aus, mediterrane Vegetation empfängt uns und auch die Hitze des Talbodens. Bis Costermano (km 65,0) wechseln dann leichte Anstiege mit ebensolchen Abfahrten und langen ebenen Abschnitten ab. Mit dem Verkehr, der die Autobahn bei der Ausfahrt Affi verlassen hat, radelt man schließlich bis zu den ersten Häusern von Garda (km 67,0), das hier weit ins Hinterland hineinragt, ab.

31 Über der Gardasena Orientale

Gardasee

Strecke Torri del Benaco – Albisano – San Zeno di Montagna – Prada – Zignago – Marniga – Castelletto – Torri del Benaco

Charakter Mittelschwere Radtour mit maximal 14% Steigung an der Westseite des Monte Baldo

Zeit 2 ½–3 ½ Stunden

Länge 44,5 km

Höhendifferenz 1080 m

Übersetzung 42/26

Ausgangspunkt Torri del Benaco (67 m)

Karte KOMPASS Wanderkarte 1:50 000, Blatt 102

Befahrbarkeit Ganzjährig befahrbar

Streckenbeschreibung Im Gegensatz zum westlichen Ufer des Gardasees, der Gardasena Occidentale, eignet sich die östliche Uferstraße, die Gardasena Orientale, schon etwas besser zum Radfahren. Leider ist der Verkehr auch hier gewaltig, aber zumindest die Tunnels beschränken sich auf einen recht kurzen Teil an der Nordspitze des Sees, zwischen Torbole und Malcesine. Viele Möglichkeiten bietet auch der hier verlaufende Bergzug des Monte Baldo nicht, und so stellt die hier beschriebene Route die wohl lohnendste Tour an der westlichen Flanke dieses Bergmassivs dar. Wer sie in Gegenrichtung beginnen möchte, sei rechtzeitig gewarnt: Eine Bergstraße mit 30% stellt bereits bei der Abfahrt ein ernstzunehmendes Hindernis dar, diese jedoch bei der Auffahrt zu bewältigen, sollte ausschließlich konditionsstarken Radlern vorbehalten bleiben.

Doch dazu später. Zuerst sucht man in Torri del Benaco (km 0,0), einem Ort, dem man nachsagt, daß er die Atmosphäre eines alten Hafenstädtchens noch bewahrt haben soll, die Abzweigung nach Albisano/San Zeno di Montagna. Mit einer Steigung, die 6% kaum einmal überschreitet, windet sich die Straße zwischen Villen mit blühenden Vorgärten nach Albisano (km 3,5). Sich weiter an die Beschilderung »S. Zeno di Montagna« haltend, radelt man durch die Olivenhaine am Ortsende, und langsam verschwindet der See unten im Dunst, und auch das gegenüberliegende Ufer ist nur noch schemenhaft zu erkennen. Allmählich wird die blühende Vegetation von wildwucherndem Gestrüpp abgelöst, und die auch weiterhin nicht mehr als 6% betragende Steigung bringt uns gemächlich höher. San Zeno di Montagna (km 9,5) ist eine langgestreckte Siedlung, etwa 500 m über dem Gardasee, deren weitverstreute Häuser uns auf den nächsten Kilometern begleiten. Am Ortsende (km 12,0) führt ein schmales Sträßchen geradeaus weiter, und wer diesem folgt, ist

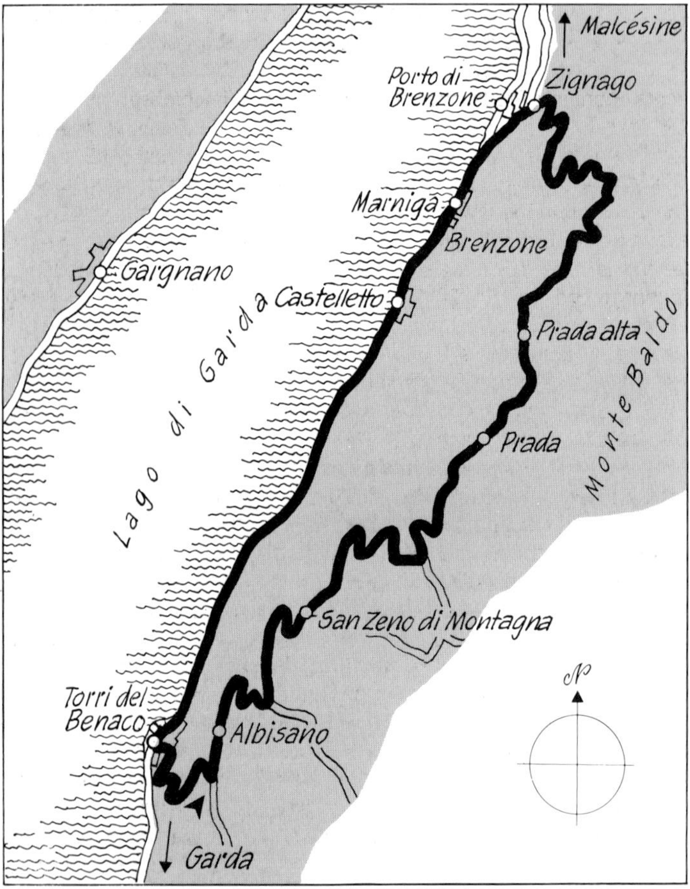

Malcésine
Porto di Brenzone
Zignago
Marniga
Brenzone
Gargnano
Castelletto
Lago di Garda
Prada alta
Monte Baldo
Prada
San Zeno di Montagna
N
Torri del Benaco
Albisano
Garda

Hm
1250
1000
750
500
250
Torri del Benaco 67
San Zeno di Montagna 583
Prada alta 1009
Zignago 70
Torri del Benaco 67
9,5
22,5
30,0
44,5
10
20
30
40
km

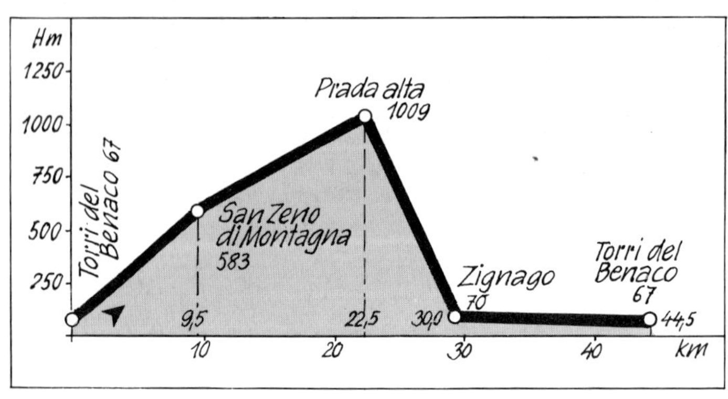

recht rasch wieder bei Castelletto di Brenzone am Gardasee angelangt. Allerdings versäumt man dann den schönsten, aber auch schwierigsten Teil dieser Tour, weshalb man besser der hier scharf rechts Richtung Prada abzweigenden Straße nachfahren sollte. Erster Nadelwald mischt sich in das Gestrüpp am Straßenrand, und auch die anfangs weiter mit 6% bergauf führende Strecke läßt bis zu einer Gabelung beim Albergo Scariffo (km 14,5) bald nach. Weiter der Beschilderung »Prada« folgend erfordert ein 11%iger Anstieg bis zum Albergo Capriolo (km 16,0) erstmals mehr Krafteinsatz, bevor Steigungen bis 10%, meist jedoch weit darunter, nach Prada zur Häusergruppe um die Talstation der Costabella-Seilbahn (km 19,5) leiten. Unverkennbar mittelgebirgigen Charakter mit Almweiden, vereinzelten Sträuchern und Felsbrocken trägt die Umgebung nunmehr, die nach oben in den Bergkamm des Monte Baldo ausläuft. Leicht fällt die Straße ab, wird unvermittelt zu einem schmalen Fahrweg (km 21,0), um dann mit bis zu 14% endgültig zu einer kleinen Wiesenfläche (km 22,5), dem höchsten Punkt, anzusteigen. Ein Schild weist auf ein bevorstehendes Gefälle von 30% hin, gespannt rollt man die ersten Meter ab. Mehr % als beim letzten Stück der Auffahrt sind es hier jedoch nicht, und man biegt gleich darauf auf ebener Straße sogar in ein kleines Tal bei der Grotte Trovai ein. Schon hat man das Schild vergessen, da scheint sich das Sträßchen langsam ins Bodenlose abzusenken. In engen Kehren schraubt sich die schmale Trasse durch dichtes Gestrüpp abwärts. Grobkörniger, welliger Asphalt rüttelt uns durch, und man darf keinen Augenblick die Hände von den Bremsen nehmen. Wer 30% einmal im Anstieg erleben möchte, sollte in einer der engen Kehren wenden – die Straße ist hierzu zu schmal – und einige Meter zurückfahren. Fast 6 km lang ist diese Gefällestrecke, und jeder ist sicher froh, wenn das erste Haus von Zignago (km 30,0) und der See auftauchen. An einem Stoppschild (km 31,0) bremst man nochmals ab, fährt nach links in den Ort hinein, um gleich darauf weiter bis zum Seeufer (km 32,0) abzufahren. An der Uferstraße, die hier unmittelbar am Wasser entlangführt, bietet sich genug Gelegenheit, die vom Bremsen schmerzenden Handgelenke zu kühlen, auch die Felgen können etwas Abkühlung vertragen. Dann ist der Ausgangspunkt (km 44,5) über die Orte Marniga (km 33,5) und Castelletto auf völlig ebener Straße (km 34,5) bald erreicht.

32 Durch die Trümmerlandschaft der Marocche

Gardasee

Strecke Arco – Dro – Drena – Vigo Cavedine – Passo San Ubalrico – Lasino – Monti di Cavedine – Dro – Arco

Charakter Leichte Radtour mit maximal 12% Steigung durch das größte Bergsturzgebiet der Alpen

Zeit 1 ¾–2 ½ Stunden

Länge 39,5 km

Höhendifferenz 590 m

Übersetzung 42/23

Ausgangspunkt Arco (85 m)

Karten KOMPASS Wanderkarte 1:50 000, Blatt 101 und 73

Befahrbarkeit Ganzjährig befahrbar

Streckenbeschreibung Die in den Gletschern der Presanella-Gruppe entspringende Sarca ist der Hauptzufluß des Gardasees. Einst ein wilder Fluß, wurde ihm ein Großteil seiner Wassermengen durch die italienische Elektrizitätsgesellschaft entnommen, so daß sich die meiste Zeit des Jahres nur noch ein Rinnsal durch das breite Bachbett windet. Das Tal, das sich die Sarca jedoch im Laufe der Jahrtausende geschaffen hat, ist heute die Hauptverkehrsverbindung zwischen Trient und der Nordspitze des Gardasees, und man möchte es fast nicht für möglich halten, hier eine lohnende Radtour zu finden. Und doch flutet der Verkehr fast ausschließlich über die im Talboden verlaufende Straße und somit an den größtenteils gut ausgebauten Nebenstraßen völlig vorbei. Landschaftlich reizvoll ist dieses Gebiet zudem und für den Radler immerhin so lohnend, daß auch örtliche Jugendmeisterschaften über einen Teil dieser Strecke ausgetragen werden.

Ausgangspunkt ist das Städtchen Arco (km 0,0). Wer sich im Ort etwas Zeit läßt und unmittelbar vor der Brücke über die Sarca der Beschilderung »Camping Arco« folgt, entgeht dem Verkehr fast vollständig. Ein schmales, aber gutes Sträßchen führt am Campingplatz vorbei, fast unmittelbar unter den sich darüber erhebenden Kletterfelsen entlang, bis nach wenigen km auf einer uralten Steinbrücke (km 3,5) die Sarca überquert wird. Man fährt nach Ceniga hinein und hält sich an der durch den Ort führenden Straße links, um auf weiterhin ebener Trasse bis Dro (km 5,0) zu radeln. Dicht drängen sich die Häuser zusammen. Am Dorfplatz, bei der Kirche, nimmt man die ins Val de Cavedine abzweigende Straße. Nach einem Kreisverkehr wechselt man auf einer kleinen Brücke die Talseite, und langsam nimmt die Steigung auf 6 bis 8% zu. Nun beginnt auch die unge-

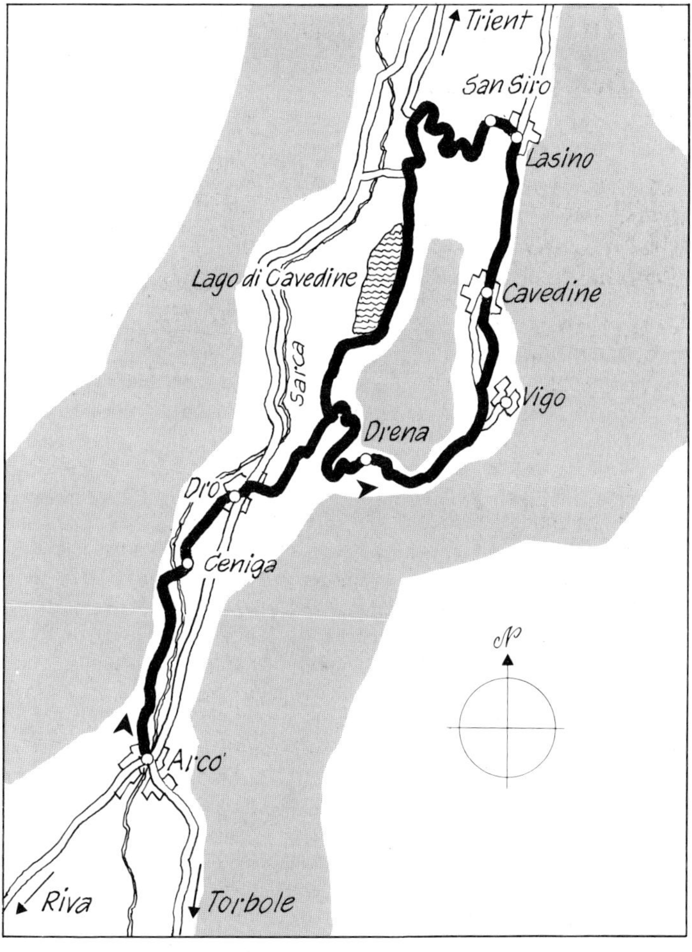

Trient
San Siro
Lasino
Lago di Cavedine
Cavedine
Sarca
Vigo
Drena
Dro
Ceniga
N
Arco
Riva
Torbole

Hm
1000
750
500
250
Arco 85
Dro 123
Vigo Cavedine
606
San Siro
506
Lasino
468
Abfahrt
248
Abzweigung
300
Arco 85
5,0
14,5
20,0
22,5
24,5
31,5
39,5
10
20
30
40
km

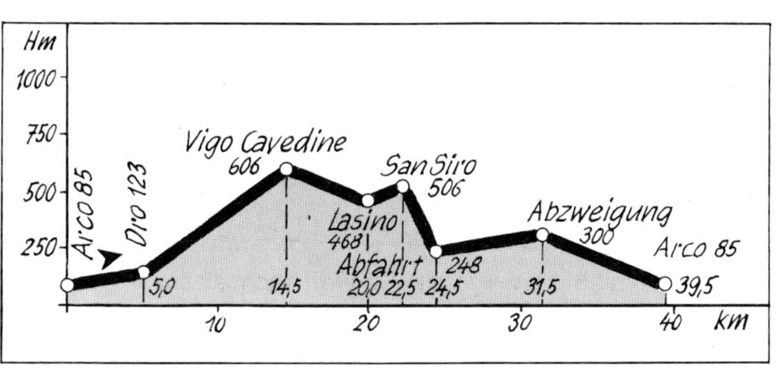

heuere Trümmerlandschaft der Marocche, die Folge eines der gewaltigsten Bergrutsche, der je in den Alpen stattgefunden hat. Nach dem Rückzug der Gletscher geriet die Stabilität der Bergflanken ins Wanken, so daß ganze Felshänge in den Talboden stürzten. Mehr als 187 Millionen m^3 Gestein sind es, die diese Wüste aus bis zu haushohen hellen Felstrümmern bilden, aus denen nur vereinzelt Zypressen herausragen. An einem Schießstand vorbei erreicht man eine Straßenkreuzung (km 9,0) und folgt hier der weiter Richtung Valle di Cavedino ansteigenden Straße. Über einige auseinandergezogene Kehren nimmt die Steigung nicht über 8% zu, und je mehr man sich der weit über uns aufragenden Burg Drena nähert, desto besser sind die gewaltigen Dimensionen der unten zurückbleibenden Geröllfelder zu erkennen. In Drena (km 11,0) ist man auf Höhe der Burg angelangt, rasch wird der Ort durch einen kurzen unbeleuchteten Tunnel verlassen, und die Schwierigkeit der anfangs weiter mit 8% ansteigenden Straße geht langsam zurück. Bald öffnet sich vor uns das überraschend grüne und freundliche Tal von Cavedine. Vigo Cavedine (km 14,5) wird auf ebener Trasse erreicht und der zweifellos jedem unbekannte Passo San Ubalrico (km 15,5) überquert. Fast geradlinig fällt die Straße anfangs etwas stärker, dann leicht durch Cavedine (km 16,5) und Stravino (km 17,5) ab. In Lasino (km 20,0) heißt es aufpassen: Kein Schild weist auf die direkt gegenüber einer Fina-Tankstelle an einer Garage vorbei nach links abzweigenden Straße hin. Durch die Felder neben der Ortschaft klettert das schmale, fast einem Fahrweg ähnliche Sträßchen vorbei an alten Steinsäulen bis 12% zur Kirche San Siro (km 22,5) hinauf, um anschließend über einen gestrüppüberwucherten Berghang in engen Kehren ins benachbarte Sarcatal abzufallen. Im Talboden (km 24,5) folgt man der Beschilderung »Pietramurata/Dro«. Unschwierig radelt man bis Monti di Cavedine und erreicht mit der Sarca den von den Bergsturzmassen der Marocche aufgestauten Lago di Cavedine (km 26,5). Eben am linken Seeufer entlang sind die Abbruchstellen an den Hängen des gegenüberliegenden Monte Brento noch deutlich zu sehen, und am See-Ende (km 29,5) steigt die Straße wieder leicht in diese Trümmerlandschaft an. Am höchsten Punkt des Felswalls (km 30,5) trifft man etwas abfahrend bei der nachfolgenden Kreuzung (km 31,5) wieder auf die Auffahrtsstrecke. Die einzige Schwierigkeit, die sich hier noch bietet, ist, in Ceniga (km 36,0) wieder die richtige Abzweigung über die Sarca zu finden, da man sonst die letzten km bis Arco (km 39,5) auf der Hauptstraße zurücklegen muß.

33 Zum Lago di Tenno

Gardasee

Strecke Riva – Pranzo – Lago di Tenno – Tenno – Cologna – Gavazzo – Varone – Arco – Riva

Charakter Leichte Radtour mit maximal 8% Steigung in das Hinterland des Gardasees

Zeit 1–1 ½ Stunden

Länge 26 km

Höhendifferenz 520 m

Übersetzung 42/21–23

Ausgangspunkt Riva del Garda (73 m)

Karte KOMPASS Wanderkarte 1:50 000, Blatt 101

Befahrbarkeit Ganzjährig befahrbar

Streckenbeschreibung Am schmalen Nordufer des Gardasees, dessen ganze nördliche Seehälfte sonst überall von steil abfallenden Felswänden eingeengt wird, dehnt sich zwischen den beiden Orten Riva und Torbole eine kleine Ebene aus, die gemächlich in das Hinterland des Sees anzusteigen beginnt. Hier liegt der Lago di Tenno, ein kleiner Badesee, der bei allen, denen es am Gardasee zu heiß oder zu laut ist, sehr beliebt ist. Die Radtour, die zu diesem Kleinod führt, ist leicht und kurz und sollte deshalb immer mit einem Besuch des Sees oder der auf der Strecke liegenden Ortschaften verbunden werden.

Von Riva (km 0,0), dem bedeutendsten Hafen der ganzen nördlichen Seehälfte, führen zwei Straßen zum See, von denen man die etwas weiter westlich gelegene, über die Orte Deva und Pranzo führende Staatsstraße 421 zur Auffahrt wählt. Schon wenige hundert m nach dem Ortsende, durch die kleine Ansiedlung San Giacomo, erinnert nichts mehr an den in Riva vorherrschenden Trubel. Mit 6 bis 8% steigt die Straße über mehrere Kehren an der linken Seite des breiten Beckens nach oben. Zwischen terrassenförmig angelegten Olivenhainen, von kleinen Steinmauern getrennt, bleibt das Meer der roten Ziegeldächer um die Nordspitze des Sees nur langsam unter uns zurück. Nicht mehr als 6% beträgt die Steigung der Serpentinen, die durch die weitverstreuten Häuser von Deva (km 3,0) aufwärts ziehen. Langsam verengt sich das Becken, auf der gegenüberliegenden Hangseite sind mehrere Ortschaften zu erkennen, und bei gleichmäßigen 6% wird Pranzo (km 7,5) erreicht. Kleine Felder zeugen von spärlicher Landwirtschaft, Mischwald nimmt uns auf. Bald nach dem Ort geht die Steigung zurück und führt uns zu einem schattigen kleinen Rastplatz mit aufgestellten Holzbänken. Notwendig ist eine Rast hier jedoch nicht, denn unmittelbar darauf folgt das Clubhotel Lago di Tenno (km 9,0), das jeden Ausblick auf den See

Fiave
Lago di Tenno
Trient
Pranzo
Tenno
Arco
Cologna
Gavazzo
Varone
Riva
Sarca
Torbole
Lago di Garda
Gargnano

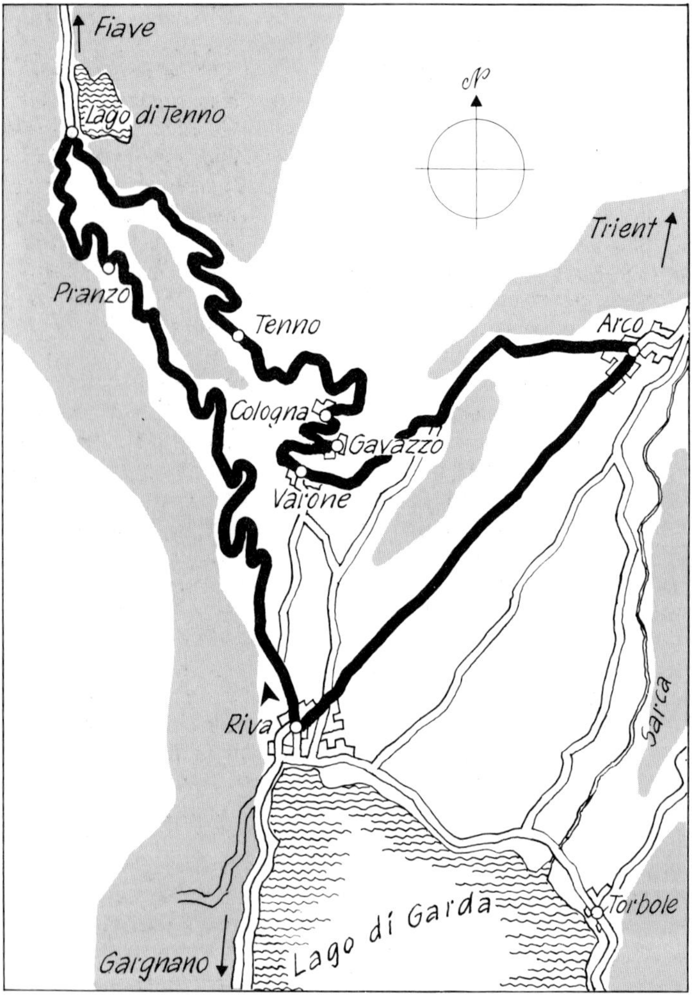

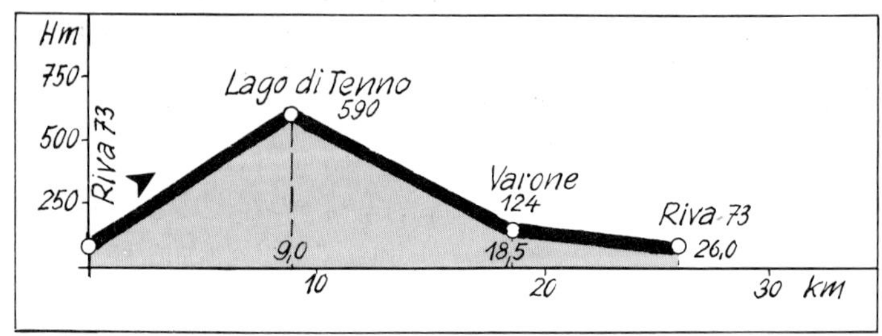

Hm
750
500
250
Riva 73
Lago di Tenno
590
Varone
124
Riva 73
9,0
18,5
26,0
10
20
30 km

verhindert, vor uns. Wer glaubt, sich ein Bad im See noch nicht verdient zu haben und auch die Rückfahrt noch nicht antreten möchte, kann hier der Beschilderung »Ponte Arche/Fiave« folgend noch weit in die Mittelgebirgsstufe des Lomaso hineinradeln. Eine unberührte alte Bauernwelt ist es um die Orte Bleggio, Fiave und Vigo Lomaso, die man auf anfangs bis Ballino noch leicht ansteigender, dann abfallender Straße erreicht. In Fiave befindet sich eines der größten Ausgrabungszentren der Pfahlbaukultur in Europa. Zwei dieser offengelassenen Grabungsstellen kann man besichtigen, wenn man etwa 2 km vor dem Ort dem Hinweisschild mit der Aufschrift »Zona archeologica palafitte di Fiave« folgt. In Fiave gabelt sich dann die Straße, es bietet sich an, eine der beiden Straßen für die weitere Abfahrt bis Ponte Arche zu benutzen und den Rückweg über die andere anzutreten. Weiter als bis Ponte Arche sollte man sich nicht in die Judikarischen Täler – so genannt, weil sie der Bischof von Trient durch »iudices« verwalten ließ – wagen, da hier der Verkehr wieder stark zunimmt. Wer keine Lust zu diesem Abstecher hat, radelt Richtung Riva del Garda gemütlich abwärts. In Ville del Monte (km 11,0) sind weit unten bereits wieder die Häuser von Riva und der Gardasee zu sehen, und in Tenno (km 13,0) fesselt der Mauerkoloß des Castells unsere Aufmerksamkeit. Die Burg selbst kann nicht besichtigt werden, aber der Ortsteil Frapporta, ein befestigtes Dorf am Fuße des Burgfelsens mit einem verwinkelten Gewirr von Häusern, Felskellern, Terrassen und Gewölben, den man durch ein gotisches Spitzbogentor betritt, ist einen Halt wert. Über wenige Kehren rollt es durch die Dörfchen Cologna und Gavazzo weiter abwärts, und in Varone (km 18,5) ist man bereits wieder im Talboden angelangt. Nur 2 km trennen uns hier noch von Riva, und man sollte sich überlegen, ob man nicht noch den kurzen Abstecher durch die »Busa«, wie die fruchtbare Ebene hier genannt wird, nach Arco (km 22,0) unternimmt. Die fast unversehrte Altstadt mit ihren hübschen Brunnen und pittoresken Winkeln liegt zu Füßen des mächtigen Burgfelsens. Einst unersteigbar gründet sich darauf die mittelalterliche Macht Arcos. Wie sehr sich diese Zeiten geändert haben, erkennt man auch an den Sportkletterern aus aller Herren Länder, die an diesem Felsen nunmehr ihre Geschicklichkeit unter Beweis stellen. Beobachten kann man sie, wenn man im Ort der zum Campingplatz Arco abzweigenden Straße folgt, die direkt unter die spiegelglatten Mauern führt. Knapp 4 km sind es von hier dann nur noch zurück zum Ausgangspunkt (km 26,0).

34 Auf den Monte Tremalzo

Gardasee

Strecke Biacesa – Molina di Ledro – Pieve di Ledro – Bezzecca – Tiarno di Sotto – Tiarno di Sopra – Ámpolapaß – Tremalzopaß

Charakter Mittelschwere Radtour mit maximal 11% Steigung über dem Gardasee

Zeit 2–3 Stunden

Länge 32,5 km

Höhendifferenz 1316 m

Übersetzung 42/23–26

Ausgangspunkt Biacesa (400 m), von Riva del Garda aus nur mit Kfz durch einen neu errichteten Tunnel erreichbar

Karten KOMPASS Wanderkarte 1:50 000, Blatt 101 und 102

Befahrbarkeit Wegen Wintersperre ist die Auffahrt zum Tremalzopaß nur zwischen 15. April und 31. Oktober möglich. Die Ámpola-Paßstraße ist ganzjährig befahrbar

Streckenbeschreibung Bevor sich der Gardasee im Süden zur Poebene auszuweiten beginnt, wird er im Osten vom Bergzug des Monte Baldo und im Westen von den Bergkämmen des Tremalzozuges eingezwängt. Dem Radler, der die vielbefahrenen Uferstraßen mit ihren zahlreichen Tunnels meiden möchte, bleibt eigentlich nichts anderes übrig, als auf einen dieser Bergrücken auszuweichen. Allzuviele Möglichkeiten für Abstecher in diese größtenteils doch recht unzugänglichen Hänge gibt es freilich nicht, und leider werden diese durch neue Verkehrsmaßnahmen zusätzlich eingeschränkt. So etwa die Auffahrt zum Tremalzopaß, die bisher problemlos von Riva, an der Nordspitze des Gardasees, über die Ponalestraße begonnen werden konnte. Ein neu errichteter Tunnel, der nördlich von Riva zum Ledrotal hochzieht, macht uns nunmehr einen Strich durch die Rechnung. Im Zuge des Tunnelbaus wurde die Ponalestraße nämlich von der Abzweigung nach Pregasina bis zum südlichen Tunnelausgang vor Biacesa für den öffentlichen Verkehr gänzlich gesperrt. Da sich eine Befahrung des Tunnels für Radler aus Sicherheitsgründen verbietet, bleibt eigentlich nichts anderes übrig, als die Tour nunmehr in Biacesa zu beginnen. Sie verliert damit nicht nur einige Höhenmeter, sondern auch etwas von ihrem Reiz, zählt aber dennoch zu den lohnendsten Touren über der Westseite des Sees.

In Biacesa (km 0,0), unmittelbar am südlichen Tunnelausgang, nimmt die Steigung über eine Kehrengruppe bis Molina di Ledro (km 3,0) gleich auf 11% zu, und vor uns taucht der Ledrosee auf. Dieser verdankt seine Entstehung einer eingeschobenen Moräne, die dem Ponalefluß den Ausgang zum Gardasee versperrte. Reste eines Pfahlbautendorfes, von denen eine Hütte rekonstruiert wurde, bele-

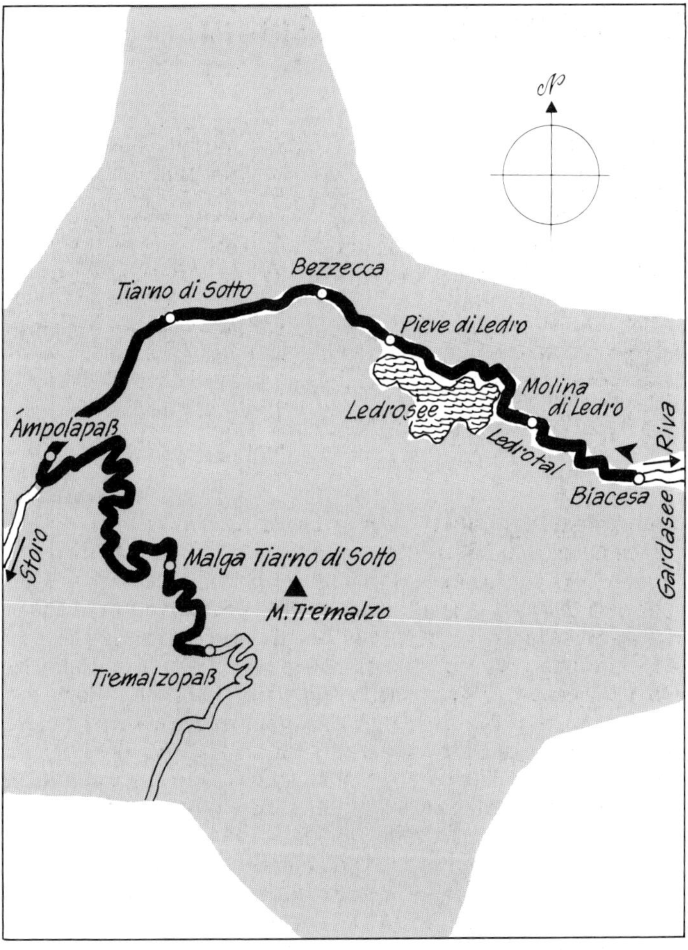

N
Bezzecca
Tiarno di Sotto
Pieve di Ledro
Molina di Ledro
Ledrosee
Ledrotal
Riva
Biacesa
Gardasee
Ámpolapaß
Storo
Malga Tiarno di Sotto
M. Tremalzo
Tremalzopaß

Hm
2000
1500
1000
500
Molina di Ledro 638
Tiarno di Sotto 752
Tremalzopaß 1694
Ámpolapaß 730
Biacesa 400
3,0
14,0
19,5
32,5
4
8
12
16
20
24
28
32
36 Km

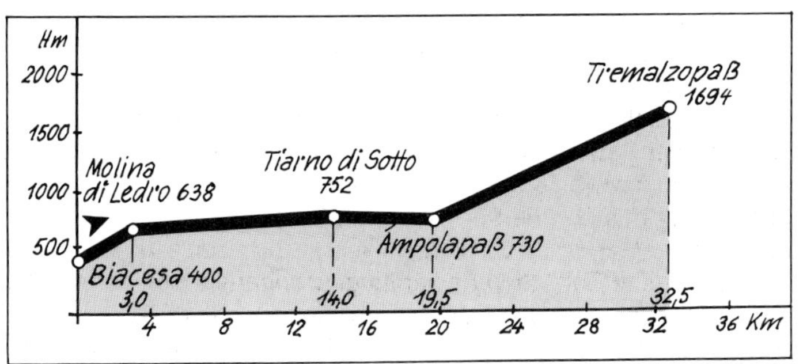

gen, daß dieses Gebiet bereits um 1700 v. Chr. von Menschen besiedelt war. Der See ermöglicht ein müheloses Vorwärtskommen auf der fast ebenen Straße entlang des rechten Ufers bis Pieve di Ledro (km 10,0), und auch bis Bezzecca (km 11,0) steigt die Strecke nur mäßig an. In dem aussichtslosen Hochtal hält sich die Straße, vorbei an den Dörfern Tiarno di Sotto (km 14,0) und Tiarno die Sopra, weiterhin fast eben im Talboden. Fast unbemerkt wird am Beginn einer Talverengung der höchste Punkt der Straße, der Ámpolapaß (km 19,5) erreicht. Bis hierher reichte einst die Wasserfläche des Ledrosees, woran allerdings nur noch der kleine Lago d'Ámpola, der langsam seiner Versumpfung entgegensieht, erinnert. Ein Schild mit der Aufschrift »Pso. Tremalzo« weist den Weg und vorbei an der Bar Ámpola beginnt die Straße mit 10% anzusteigen. An den dichtbewaldeten Nordhängen des Corno Spezzato windet sich die Trasse kurven- und kehrenreich nach oben. Bei dem kleinen Kirchlein von San Croce (km 24,5) geht die Steigung erstmals kurz zurück, um gleich darauf wieder 10% zu erreichen. Aus dem Valle Sanotta, tief unter uns, ist das Rauschen des Rio Nero zu hören, der den Blicken jedoch durch dichten Mischwald verborgen bleibt. Auch die Umgebung bietet keinerlei Aussichtspunkte, fast monoton bringt man Kurve um Kurve hinter sich. Nach einer Kehre radelt man auf nochmals zurückgehender Steigung in das Valle della Schinchea ein. Weit voraus ist aus den bewaldeten Bergrücken bereits der höchste Punkt, der Monte Tremalzo, auszumachen. Über eine freie Almfläche nimmt die Steigung wieder auf 10% zu, erneut wird ein kleiner Waldgürtel durchfahren, und durch die Feriensiedlung von Malga Tiarno di Sotto (km 30,5) zieht die Straße sogar kurz auf 11% an. Vor uns verkündet ein Berggrat das baldige Ende der Steigungsstrecke, aber noch zieht sich die Straße fast unmittelbar am Grat entlang zum Ristorante Garda (km 32,5), das auf einer kleinen Hochfläche unter der Spitze des Monte Tremalzo gelegen ist. Das Sträßchen, das sich von hier in atemberaubenden Kurven durch das Valle Negrin nach Limone sul Garda abwärts schraubt, ist bis Vesio eine mit schmalen Schlauchreifen absolut unbefahrbare Schotterpiste, und so muß man die Rückfahrt wieder über die gleiche Strecke antreten.
Hinweis: Die am Ristorante Garda vorbei höherführende Straße steigt etwa 2 km bis zu einem Tunnel nach oben und fällt dann ebenfalls bis Limone sul Garda ab. Sie ist bis Vesio unbefestigt und sollte ausschließlich Mountain-Bikern vorbehalten bleiben.

35 Zum Lago d'Idro

Gardasee

Strecke Gargnano – Navazzo – Lago di Valvestino – Capovalle – Crone – Treviso Bresciano – Degagna – Vobarno – Tormini – Salò – Gargnano

Charakter Mittelschwere Radtour mit maximal 14% Steigung vom Gardasee zu den Judikarischen Tälern

Zeit 3 ½–4 ½ Stunden

Länge 79 km

Höhendifferenz 1250 m

Übersetzung 42/26

Ausgangspunkt Gargnano (98 m)

Karten KOMPASS Wanderkarte 1:50 000, Blatt 102 und 103

Befahrbarkeit Ganzjährig befahrbar

Streckenbeschreibung Das westliche Ufer des Gardasees eignet sich eigentlich nicht zum Radfahren. Starker Verkehr und eine Straße, die fast ständig durch lange unbeleuchtete Tunnels führt, lassen es ratsam erscheinen, das Fahrrad nur mittels des Autodachträgers fortzubewegen. Ein Ausweichen auf die Berghänge über dem See ist auch nicht so einfach, denn zum einen führen nicht sehr viele Straßen in dieses schwer zugängliche Gebiet, zum anderen enden diese urplötzlich oder gehen in für uns unbefahrbare Sand- und Schotterpisten über. Drei schöne Strecken gibt es dennoch, bei denen der Radler voll auf seine Kosten kommt. Alle drei führen mehr oder weniger direkt zum Lago d' Idro, einem etwa 400 m hoch gelegenen Gebirgssee in den Judikarischen Tälern; eine davon hat man bereits bei der Auffahrt zum Tremalzopaß über das Ledrotal (siehe Beschreibung Tour 34) teilweise kennengelernt. Im Süden zieht eine Straße von Salo durch das Sabbiatal zum Lago d' Idro, die jedoch sehr stark frequentiert ist, und so bietet sich am besten die direkteste Verbindung durch das Valle Toscolano über den Lago di Valvestino an.

In dem alten Fischerdorf Gargnano (km 0,0) folgt man der Beschilderung »Lago d'Idro/Val Vestino«. Mit Steigungen bis 10%, anfangs noch von längeren flacheren Stücken unterbrochen, klettert die Straße an den Berghängen über dem Ort aufwärts. An einer Kreuzung kurz vor Navazzo (km 8,0) orientiert man sich an der Beschilderung »Val d'Idro« und hält sich im Ort an den Wegweiser nach Capovalle. Anfangs eben, fällt die Straße dann sogar leicht ins Valle Toscolano ab. Zwischen dem Monte Pizzòcolo und dem Monte Castello erblickt man weit im Süden nochmals kurz den Wasserspiegel des Gardasees, und weit voraus ist schon die Staumauer des Lago di Valvestino zu erkennen. Erst kurz vor dem See (km 13,0) steigt das

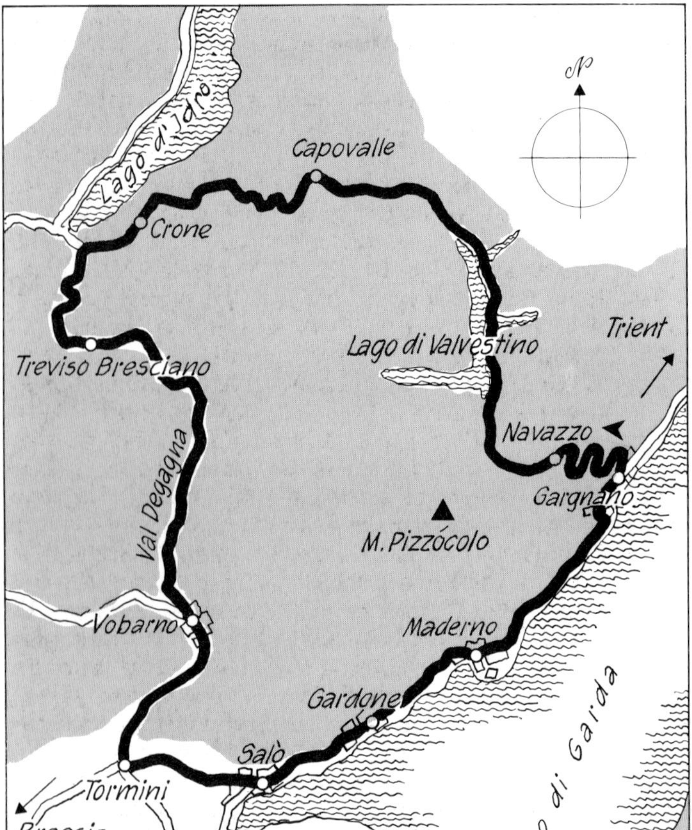

N
Lago d'Idro
Capovalle
Crone
Trient
Lago di Valvestino
Treviso Bresciano
Navazzo
Val Degagna
Gargnano
M. Pizzócolo
Vobarno
Maderno
Gardone
Lago di Garda
Salò
Tormini
Brescia
Desenzano

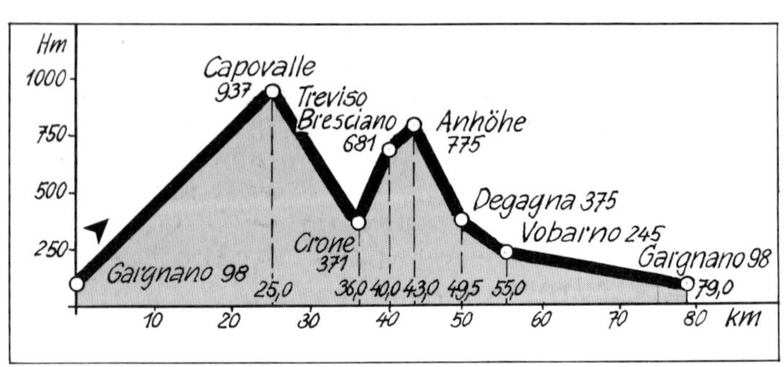

Hm
1000
750
500
250
Capovalle
937
Treviso
Bresciano
681
Anhöhe
775
Degagna 375
Vobarno 245
Crone
371
Gargnano 98
Gargnano 98
25,0
36,0
40,0
43,0
49,5
55,0
79,0
10
20
30
40
50
60
70
80
km

kurvige Sträßchen bis zur Staumauer auf 8% an, um gleich darauf wieder eben am rechten Seeufer entlangzuführen. So eintönig und reizlos dieses Tal mit seinen von grünen Büschen und Strauchwerk überzogenen Berghängen auch sein mag, fast unbehelligt vom Verkehr bietet es dem Radler ideale Voraussetzungen, dem Trubel um den Gardasee zu entkommen. Nach einem kurzen Tunnel am See-Ende (km 18,0) folgt man der hinter einem einsamen Gasthaus ins Val del Molini abzweigenden Straße (km 19,5). Über eine Kehrengruppe nimmt die Steigung auf 10% zu, geht kurz auf 8% zurück, um uns dann nochmals mit bis zu 12% bis Capovalle (km 25,0) zu fordern. Grüne Wiesen lockern die Umgebung etwas auf, über dem Ort steigt die Straße noch bis 10% zu einer Kuppe (km 26,5) an, bevor man auf gut ausgebauter Strecke mit Gefälle zwischen 11 und 13% abfährt. Eine Brücke und ein anschließendes längeres ebenes Stück unterbrechen unsere Abfahrt, aber nach einem längeren unbeleuchteten Tunnel (km 32,0) rollt es dann endgültig zu dem erstmals sichtbaren Idrosee hinab. Um zum Seeufer zu gelangen, muß man in Crone (km 36,0) der Beschilderung »Al Lago« folgen, wer gleich zurückfahren möchte, darf kurz vorher die beim Club Casanova nach links Richtung »Treviso B./Valle Drane« abzweigende Straße nicht übersehen. Gut ausgebaut verläuft diese über mehrere Kehren mit 12% nach oben, geht kurz zurück, um sich dann nochmals mit 13% bis zu einer Kreuzung (km 40,0) aufzuschwingen. Hinter Treviso Bresciano nimmt uns eine hügelige Wiesenlandschaft auf, durch die sich ein schmaler Fahrweg mit Steigungen bis 14%, meist jedoch weit darunter, hinaufzieht. Vorbei an der kleinen Kapelle Madonna delle Pertiche folgt man an einer Straßenkreuzung (km 43,0) dem Hinweisschild nach Eno, kurz steigt das Sträßchen noch an, um dann endgültig bis Degagna (km 49,5) abzufallen. Lange hält sich die Straße, dem mäßigen Gefälle der Agna folgend, im Talboden, bevor sie unvermittelt bei Vobarno (km 55,0) in das breite Sabbiatal mündet. Schlagartig ist es auch mit der bisher vorherrschenden Ruhe und Einsamkeit vorbei. Dem Lauf der Chiese folgend reiht man sich nach links abbiegend in den Verkehrsfluß ein, durchradelt hinter Collio (km 55,5) einen 100 m langen unbeleuchteten Tunnel und erreicht auf ebener Strecke Tormini (km 59,5). Der Beschilderung Salò nach fällt die Straße dann sogar leicht ab, der Gardasee wird sichtbar, und hinter Salò (km 62,5) folgt nochmals eine leichte Abfahrt bis Barbano (km 65,5). An der »Brescianer Riviera«, wie dieser Küstenstreifen zwischen Salò und Gargnano genannt wird, entlang geht es glücklicherweise völlig eben dahin. So kann man, wenn es die Ortsdurchfahrten zulassen, bis zum Ausgangspunkt (km 79,0) noch einmal richtig Tempo machen.